欲成就经典,必先自成一格。

Albert Camus à 20 ans
20岁的加缪
最初的战斗

［法］玛莎·塞里 著　余看 译

清华大学出版社
北京

北京市版权局著作权合同登记号 图字01-2017-5751 号

Albert Camus à 20 ans: Premiers combats by Macha Séry
© éditions Au diable vauvert, 2011
Simplified Chinese edition arranged through Dakai Agency Limited
ALL RIGHTS RESERVED
EISBN: 978-2846263856

版权所有，侵权必究。侵权举报电话：010-62782989 13701121933

图书在版编目（CIP）数据

20岁的加缪：最初的战斗 /（法）玛莎·塞里著；余看译. — 北京：清华大学出版社，2020.1
（他们的20岁）
ISBN 978-7-302-53209-5

Ⅰ.①2… Ⅱ.①玛… ②余… Ⅲ.①加缪（Camus, Albert 1913-1960）－生平事迹 Ⅳ.①K835.655.6

中国版本图书馆CIP数据核字(2019)第129871号

责任编辑：纪海虹
封面设计：嘉荷x1　夏玮玮
责任校对：王荣静
责任印制：丛怀宇

出版发行：清华大学出版社
网　　址：http://www.tup.com.cn, http://www.wqbook.com
地　　址：北京清华大学学研大厦A座　　邮　编：100084
社 总 机：010-62770175　　邮　购：010-62786544
投稿与读者服务：010-62776969, c-service@tup.tsinghua.edu.cn
质量反馈：010-62772015, zhiliang@tup.tsinghua.edu.cn

印 装 者：北京嘉实印刷有限公司
经　　销：全国新华书店
开　　本：125mm×180mm　　印　张：6.75　　字　数：85千字
版　　次：2020年1月第1版　　印　次：2020年1月第1次印刷
定　　价：39.00元

产品编号：073084-01

他说他一直在研究我的灵魂，
结果发现其中空虚无物。
他说我实际上没有灵魂，
没有丝毫人性，
没有任何一条在人类灵魂中
占神圣地位的道德原则，
所有这些都与我格格不入。

——阿尔贝·加缪，《局外人》

阿尔贝·加缪一个大脚解围，将球踢向对方阵营。在他前方，马塞尔、阿莱克斯、齐齐、多米尼克、乔治、罗杰、莫伊斯几个人早已大汗淋漓，"大个儿"雷蒙紧随他们后面。然而，阿尔及尔大学队传球出现失误，球落到了侯赛因达耶奥林匹克队的后卫脚下，他接连晃过几名大学队的对手。身穿蓝白条纹球衣的是大学队年轻球员们，被迫转攻为守。球场旁边，大学队的教练莫里斯大喊着："该死！"他像列车站站长一样挥舞着手臂。加缪在木框球门内严阵以待。为了解除对方进攻带来的危险，雷蒙上前几步，但他没能断到球，一脚踢到对方一名前锋的小腿肚子上。布法里克抓住机会出脚射门，球射偏了，他自己却撞到守门员加缪身上。"对不起,小子!"——这句话是这位绰号叫"西瓜"的中锋的口头禅。当他撞到加缪并将全身重量压向对方的时候,嘴里又冒出了这句话,每次都是如此。他人不坏,只是五大三粗,不太敏捷,动作粗鲁,鞋钉常常会不小心蹭到对手的胫骨。雷蒙关切地问道:"没事吧?"加缪站起身来,挤出一丝微笑,没有任何不满。他本来大可抱怨一番,但众所周知,这种事情在球场上在所难免。尤其是他所在的竞技队,都是一些高中生和大学生,常被对手当成娇生惯养、乳臭未干的小毛孩儿。还好这个周日的比赛安排在紧邻植物园的市政体育场,这个球场位于贝尔古区的西边,是阿尔及尔大学竞技队的主场。若是奥林匹克队的主场那就更不走运了。那样的话,比赛中的肢体碰撞、大喝倒彩、言语挑衅更会让人对这个疯狂的"邻居"印象深刻。从球场到坟场,人生总归如此。小球员们偶尔在不经意间也会做出有违公平比赛的小动作,虽然这种情况并不少见,但教练对此总是嗤之以鼻。他义正辞严地告诉球员们：足球不仅仅是一项需要队员间密切协作的团体运动，它还是一门道德课程。虽然今天阿尔及尔大学竞技队被攻入了一球，但教练对小伙们的表现并无任何不满。尽管这一年来胜利屈指可数，但这一次却虽败犹荣。1930年10月28日，阿尔及尔大学竞技队的队报刊文称："年轻的球队'让我们收获了今天最大的喜悦'，整个球队的表现应得到毫无保留的称赞。其阵容由以下队员组成：加缪、扎塔尔塔、本·布阿里、法戈兰、亚塔盖讷、卡卢比、加雷斯、本·加纳、安鲁斯、杜瓦庸、弗洛雷斯。其中当属加缪最为优秀，他发挥得格外出色，只是在混乱中才失掉一球。"

在大他3岁的兄长吕西安的陪伴下，加缪很小就开始练习传球和带球突破。在被称为"演习场"的空地上，这群街坊邻里的男孩子如同衣冠不整的步兵那样，踢着碎布做成的球，追逐着胜利的荣耀。在骚动的空气中,他们的呼喊和叫嚷不绝于耳。每当吕西安和加缪回到家中,外祖母在意的并不是他们身上的肿痛,而是先命令两兄弟抬起脚,检查他们的鞋子。若鞋钉有松脱的迹象或是鞋底出现不正常磨损,她便知道兄弟俩肯定是又触犯了不准踢球的禁令。老太太时常抱怨没钱买新鞋。在蒙旁西耶体育协会中,加缪养成了严于律己的习惯,学会了策略性的思考方式,也增强了体能耐力。在球场上,同样的防守动作,他要做上百次;在球门面前,他无数次焦灼地等待,尤其需要应付各种出其不意的射门——会造成的始料未及的破门风险。偶尔他也会离开球门,凭借高超的带球技巧在中锋位置上小露一手。周四训练,周六比赛。自从升入六年级后,每天吃完早餐,他都会在中学的三个场地里选一个练球。因为技术娴熟,他成了中学走读生们崇拜的对象。这一回,他不但没有错过任何一场后备组的比赛,还进入了备受瞩目的首发组。比赛的时候,疲惫的球员已承受了太多的伤痛。阿尔及尔大学队的支持者在场下齐声呼喊:"大学队,冲啊!大学队,当心!大学队,坚持住!"

法国在阿尔及利亚的殖民百年庆典接近尾声。在这场持续了几个月的庆祝活动中,海滩上张灯结彩,富裕的殖民者衣冠楚楚,亡者纪念碑上花团簇拥。在总督府广场上由土著骑兵队、图瓦雷克①人、摩洛哥民兵三种成分组成的队列,在轮式炮后面列队行进。战舰上礼炮齐鸣,阿拉伯马术表演欢快地进行着,骆驼在大步奔驰,市民们沉浸在巨大的喜悦中。展现在他们眼前的是一个歌舞升平的阿尔及利亚,各类竞技比赛和音乐会让人眼花缭乱,这是一个饱含民俗特色的阿尔及利亚。12本《阿尔及利亚百年纪念册》不仅绘声绘色地描述了阅兵的盛况,还记载了阿尔及利亚这片膏腴之地的风俗民情、农作物、海陆空交通,以及为这片土地浴血奋战过的战士。

---

① 图瓦雷克:图瓦雷克是一支分布于北非撒哈拉沙漠周边地带的游牧民族,曾武力抵抗法国入侵,具有骁勇善战的民族形象。——译者注

为了凸显阿尔及利亚的旅游魅力,一位名叫波内瓦的将军不惜使用诸如"东方""魔力""法兰西的谷仓"等陈腔滥调进行总结:"此为殖民之神最爱的孩子,是我们殖民帝国重建之后的第一个珍宝。"5月,加斯东·杜梅格总统为阿尔及尔国立美术馆揭幕,将其赞誉为"殖民与文明在1830—1930年间完成的一件令人钦佩的杰作……"滔滔不绝的演讲,琳琅满目的装饰让人按捺不住寄送明信片的冲动。但是,加缪对这些事情,一如他对那些在盛大的喧哗中登台的演讲者那样,都兴致索然。这些人与事、辞藻和话语都跟他没什么关系,他来自另外一个阿尔及利亚。

对于真正了解阿尔及利亚的人而言,它的博大和温柔尽藏于萨波雷特海滩。无论是追求清凉,还是渴望慵懒,人们在这里都可以如愿以偿。在那儿,加缪穿着泳裤,手捧一本小说。阳光使海岸线变得更白、更模糊;大海吐出的泡沫为沙滩镶上了裙边,它用那带着咸味的舌头温柔地舔舐人们的身体;脸上的汗水被一冲而尽,取而代之的是清凉的水珠。阿尔及尔人常常说在海里"美美地泡个澡"。那些从港口跳进海里的人将手臂交叉成十字形,做出一副像要飞上天的姿势。最有天分的选手还会加入花哨的跳水动作,这种动作在帕塔维特语①中被称为"苏布希鄂",这是一种阿尔及尔当地方言,借用了阿拉伯语和法国南部方言。一些人游得累了,趴在救生圈上随波逐流。这时的加缪还滴水未沾,就等着跳进水中和海浪一较高下。

从海上望去,海滩和海港、小海湾和峭壁连绵点缀在圆弧形的海岸线上,还有一条顺着海岸线蜿蜒的铁路。萨赫勒②山区多为石英石丘陵地带,在落日余晖下,这些丘陵的轮廓会变成蓝色。阿尔及尔就坐落

---

① 帕塔维特语:原文为"papaouète",疑为有误,应该写作"pataouète"。——译者注
② 萨赫勒:在阿拉伯语中,萨赫勒(لحاس)意为"边缘",是非洲撒哈拉沙漠南部和中部苏丹草原地区之间的一条长超过3800千米的地带,从西部大西洋伸延到东部非洲之角,横跨塞内加尔、毛里塔尼亚、马里、布基纳法索、尼日尔、尼日利亚、乍得、苏丹和厄立特里亚9个国家。——译者注

在山区最后的斜坡之间,像是一个铺设在海湾前的巨大的露天杂货摊。它是一座剧院,但并非环形,这里常有和风吹拂,但是一到夏天,空气又会因为热浪而躁动不安。主城分为四个城区和五个郊区,城里花园洋房和简陋棚屋紧紧相邻,这是 27 万居民安居的乐土——物阜年丰,热情洋溢的阿尔及尔。这里流光溢彩,海面的波纹闪烁着绸缎一样的光芒。城里花团簇拥,阿拉伯商店陈列织物的颜色可拼凑出色谱上所有的色彩。阿尔及尔兼具豪斯曼①和奥斯曼风格,城市既有着向外延伸的林荫大道,又有着曲折分散的街角巷弄。除了欧洲风格的大道以外,它又沿着坡道攀援而上,在蓝色的天际和海岸线之间画出一抹明丽的白

---

① 豪斯曼:1852 年,拿破仑三世曾委派当时的大巴黎总管豪斯曼男爵对新世纪以来形成的老巴黎进行整改。豪斯曼奉旨对巴黎做出了新的规划。他独尊几何理念而摒弃了人文精神,对有历史和艺术价值的建筑进行毁坏拆除,破坏了以公社为特征的市民社会结构而引发不少民怨,直至此项整改于 1870 年被叫停。历史上将 1853—1870 年这段时期称作"豪斯曼计划时期"。尽管如此,许多国家仍将该计划视为城市现代化的楷模,"豪斯曼"几乎成了城市现代化的代名词。——译者注

色。在卡斯巴赫旧城区，房屋的排列像梯田一样鳞次栉比，梯级上设有露台，有的甚至设有可带来徐徐凉意的喷水池。旧城区就像戴在阿尔及尔颈项上的一条乳白色的项链。在电影《逃犯贝贝》中，导演朱利恩·杜维威尔将其描绘成一座迷宫。更高之处，是一些西班牙城堡的遗迹。远方，有一条被雪染白的山脊。

何谓阿尔及尔？它是热滚滚的石头，是夜空中的繁星，是不断冲刷的大海和亘古朗照的烈日。"这里的贫穷和富裕都独一无二"，加缪在《快乐的死》中如此写道。不同于赫尔曼·梅尔维尔在《白鲸记》中描绘的楠塔基特、捕鲸船、亚哈船长等意象，阿尔及尔不会让人产生逃离的念头，它的地平线也不会使人对他乡心生向往。只见小海鸥在天上盘旋，大海鸥伺机而动。一艘艘船舶乘着浪涛起伏，它们就像跳跃的赛马，身着红黑相间或蓝白相衬的比赛服，船只进入锚地时，也会像赛马一样发出一声声兴奋的嘶鸣。塞内加尔的货船、挪威的邮轮、巴西的船舶满载着咖啡或香料,那不勒斯的水手负责卸货。海港内晒着归航的拖网渔船的渔网,那些在夏天总是赤膊上阵的码头工人,肩扛着成袋的小麦或成捆的木材,挥汗如雨。海港里一切都是垂线:桅杆、绞盘、吊车。但城里却遍布有轨电车的电缆画出的平直线,城里各处也不乏由拱廊勾勒出的精美弧线。"跨大西洋"渡轮从海港站起航,每周开出 3 趟,每趟耗费 25 个小时,它们连接着阿尔及尔和大洋彼岸的马赛。

1930 年 8 月,加缪突然咯血,之后就无缘无故地消瘦下去了。4 个月之后,咳嗽未见好转反而还出现了吐血的症状。他的母亲绝望地说:"我儿子得了肺病,活不久了。"对此,将他紧急转院到穆斯塔法医院的医生解释为咯血。穆斯塔法医院远离市区,占地 8 公顷,俨然一座自成一体的小城。院中有医生、护士和病人共计 4 000 多人,这里日复一日地上演着生生死死的戏码。在这片广阔的多边形区域之内,有几座对称的大楼，几条步道和一个种着桉树的花园，人们可以在这里慢慢踱步，看看 12 月的微弱阳光。根据列维-瓦朗西医生的诊断，病人的右肺患有溃疡干酪性结核。该病可在两年之内让人丧命，但也有一些人可以幸存下去，前提是他们足够强壮，并得到合适的治疗。"过一段时间，多加注意，方可痊愈。"事实上，这种病永不能痊愈。这种致人衰弱的疾病，它旧称肺痨，曾使浪漫主义作家着迷，他们将此病对身体的耗损视作受苦灵魂的外在表现。然而，在穆斯塔法医院里，全然不见小仲马笔下那种面无血色、注定殒命的茶花女，也没有拉马丁偏爱的那种形销骨立的垂死之人。这里的病人倒更像雨果《悲惨世界》中的芳汀，他们呼吸短促，营养不良，骨瘦如柴，奄奄一息。这是种滋生于贫穷的疾病，而并非那些将年轻貌美、家庭殷实的英雄人物摧残击垮的疾病。在阿尔及利亚，发病人群主要集中在阿拉伯群体。在 1921 年应召的 6 万名年轻人中，只有 1.2 万通过了兵役体检，其他人要么是佝偻驼背，要么就身体羸弱。肺结核每年造成约1 000名阿尔及尔人死亡，各种传言在医院里飘荡，称之前的病人出院返家后不久便与世长辞。

因为父亲死于战争，加缪作为国家的孤儿，可享受免费治疗。为消除因感染科赫氏杆菌引起的肺部肿胀，他必须接受气胸物理疗法。此方法要求患者以身体左侧侧躺，用一块枕木垫高上半身，前臂要高举过头顶，随后用穿刺针将空气注入胸膜的两个叶瓣之间，这两片薄膜覆盖在肺腔上起着保护作用。这是种高难度的手术：针头必须穿过第一片胸膜，同时又不可碰到近乎粘连在一起的第二片胸膜。

不，加缪不会像他曾相信的那样，就这么死去——尽管他在第一个给他诊断的医生脸上也读到过这样的宣判，他已经可以轻松地呼吸了。然而，他从未得过这么严重的病，也从未体验过如此深刻的孤独。这一晚，他在另一个世界焦虑不安。卧病在床的时候，他开始读爱比克泰德的著作，这个斯多葛派的哲学家曾经是奴隶,并且被主人打断了腿。"疾病能阻碍身体,却不能阻挡意志,除非意志薄弱。'我跛脚',对我的脚来说这是一种阻碍,但却丝毫不能影响我的意志。当你不幸遭受各种变故时,也这样告诉自己吧;如此一来,你将发现它们只能阻碍其他事情,却不能阻碍你自己。"话虽如此,但加缪周围充斥着其他阿拉伯人痛苦的面容、苍白的脸色。这些人因肺病而卧床不起,贫血使他们变成了面无血色的"苍白者",就连压抑的笑声都会使他们颤抖,猛烈的咳嗽也会使他们面露愠色。太阳刚要落山,他们就恹恹欲睡了。一到晚上,各种症状就会变本加厉:发烧、盗汗、气喘、吐痰。这天晚上,加缪难以入眠。"对于将来,至关重要的是,自那一晚的那一刻起,我在并未深思熟虑的情况下,接受了死亡的念头,我不再以活人的身份,而是以一个被判死刑者的身份开始思考:如果再这样继续下去,死亡也没什么要紧。"(《没有明天》,1938年3月17日)

与阅读相比，疾病更让他与世隔绝。他的床就是一个木筏，一个孤单岛民的避难所。在最初诊断为肺结核的时候，他的母亲还不怎么担心，对染红了手帕的痰液也满不在乎。他仅能通过母亲的话语揣测她是否真的爱他。作为战争遗孀，家庭主妇，她对自己的母亲言听计从，甚至将孩子的教育大事也丢给了老太太，这样一个人是否真的爱她的孩子？在此之前，加缪还没有产生过这样的疑问。答案是肯定的，她爱他，虽然他们之间交流不多。她从不生气，只要加缪经过她身边，她就会习惯性地亲他三下然后看着他走开。但是现在，他只身抵御着虎视眈眈的忧虑，孤零零地与死亡做伴。他刚满17岁，却要在这个年纪死去。虽然未必是今天或明天，但这不重要，反正死亡已经开始。之前，他爱好跑步也喜欢游泳，现在却被掏空了身体，时常忍受发烧的折磨，他的身体已经忘记了何谓强健。通过这一番经历，他学到了其他无忧无虑的人无从知晓的事情，那些人或是对这类体验有所耳闻却从未切身感受，或是随意地对日常事情做出抽象化的理解，所得的结果无非是一种理论，一种不甚准确的推断。年轻人中，对死亡有如此清晰认识的人实不多见，死亡的阴影时刻伴随着他，哪里有光亮就会在哪里显形。"毕竟，最初杀死我之物即为此生中否定我之物。任何颂扬生命之事同时也增加了生命之荒谬"，后来加缪在《婚礼集》中这样写道。他还说："潘多拉的魔盒中装满了人性的丑恶，古希腊人让希望排在最后一个出来，因为希望是最可怕的。我不知道有什么东西比这个象征更能触动人心。希望，与人们的认识相反，相当于听天由命。而生存，却并不意味着逆来顺受。"在医院里，加缪曾大喊道："我不要死！"

有人告诉他，康复需要很长时间。他又瘦又累，经常胸闷气短。医生嘱咐他要好好休息，定期回访。此病虽是穷人的病，要痊愈却是富人的事。初期，病人被要求每周到医院做注气治疗，然后改为每月两次，此外还要静养不动，并保证充足的饮食。大量的红肉必不可少，而且最好是剁碎的牛排。除了屠夫之外，还有谁能更好地满足加缪的需求呢？医生对他的姨父古斯塔夫·阿库说："只有你可以救这个男孩的命。"阿库夫妇膝下无子，一直将这个外甥视如己出。加缪以前就是他们家的常客，这个夏天也跟随夫妻俩去海边游玩，可就在那次旅途中，他突然发病，咳嗽不止，最后晕倒在海滩上。加缪-桑德斯家族住在里昂街93号，家里逼仄狭小：共有3个紧挨在一起的房间，最近才通了水电，厕所设在楼梯间里。加缪与母亲和哥哥同住一间屋子，外祖母住另外一间。箍桶匠艾蒂安舅舅睡沙发，他的狗趴在他脚边。

与之相比，阿库姨父家那带有后院的房子显得宽敞无比，而且不需要爬楼梯。这里跟里昂街相比简直就是一个静谧的小岛。里昂街位于国道路段，也是贝尔古区的主干道。每天早上5点开始，红色电车和送奶车就开始摇铃撞钟，驴子不停叫唤，驴车摇晃着发出吱吱嘎嘎的声音，后面还总跟着街区里东奔西跑的小孩。因此家里决定让加缪到加比姨妈和古斯塔夫姨父家待一段时间,直到他恢复力气可继续上学为止。贝尔古区与阿拉伯人居住的马拉布区相邻,以马拉布区为起点,分布着一片占地甚广的贫民窟,名曰马耶迪那区。按当地人的习惯,说"去阿尔及尔"就是指往西前往市中心。从这里到那里,就像跨过一个门槛,经过一个海关一样,需要穿越贫富之间一条无形的边界。加缪现在住在朗格多克街,也就是住在"阿尔及尔市区"。他13岁那年夏天曾在一家五金店打工,第二年夏天又在一个海运经纪人那儿工作,这两次暑期临工机会让曾经的他得以一睹这些富人区的真容。

住在阿库夫妇家时,加缪有了一间属于自己的房间,并且可以享用一个藏书颇丰的书架。他清楚地记得,最初的几本书曾让他激动得浑身发抖——简直就像在引诱他去完成《无畏者》画报中描绘的那种冒险之旅。他忘情地沉醉于纸页之中。这个初看起来只有方寸大小的未知世界,终于挣脱了纸页的封印,豁然展现在他面前。市立图书馆的书架上,还有众多伟大的作家等待着激发他的梦想和思考。可在他自己家里,除了学期末路易·热尔曼老师为了奖励他而送出的几本如《木十字架》的书之外,他再也无书可读。热尔曼老师是法国黑色轻骑兵[1]的典型代表,他对阿尔贝·加缪信心十足,认为这个学生前途无量。为了让加缪继续读书,他还专程跑去跟桑德斯夫人做思想工作。这个粗枝大叶的老妇人原本是不赞成加缪继续读书的。老师解释说加缪可申请奖学金,费用上不会有什么负担,再说他假期可以打工赚点小钱。这一次,加缪那位一向闷声不响的母亲终于坐不住了,她对那个愁眉不展的老太太说了句:"他哥哥已经在当学徒了,可以分担家用。"终于,一个小时艰难的讨论终于有了结果,热尔曼说服了家长,让一个贝尔古区的小男孩走上了一条和命运本来的安排截然不同的道路,他的

---

[1] 法兰西第三共和国时期对公立小学教师的别称。——译者注

归宿本会是工厂、码头、手工作坊,或到某个人家里去从事某种默默无闻的工作。为了让加缪顺利通过六年级的入学考试,热尔曼在课外免费帮他补习。当加缪如期通过考试后,热尔曼又奖励了他。他值得称赞,勤奋认真的他在法语上天分过人。虽然学生们都来自同一个拥挤的街区,在学校里个个都穿着一样的海魂衫,但加缪仍是个独特的存在,班上有这样一个学生,老师心里暗暗自豪。打开棕色的礼物包装,里面是罗朗·多热莱斯的作品。礼物面前,加缪迟疑不决,不知如何表达感激,这位曾经当过兵的小学老师制止了他:"不用不用,你曾流下那么多眼泪,完全有资格拥有它。"1914—1918年间持续的战争让"残忍"一词变得铭心刻骨,艰苦卓绝的战斗,在一个接一个的鼹鼠洞似的战壕中展开。谁知道,在数以千计的阵亡者中,有一个名叫吕西安·加缪的祖阿夫[①]士兵,也

---

① "Zouave"译为"祖阿夫"或"朱阿夫",指创建于1830年的、由外籍士兵组成的法国轻步兵团。——译者注

让人为他流下眼泪。

每当加缪沉浸在小说之中,就意味着一场对沉默的征服。这沉默来自于他那近乎又聋又哑的舅舅,以及他的妹妹,也就是他的母亲,她说话从不超过400个词。从哪本开始读呢?这不重要。书名、漂亮的封面、有所耳闻的作者、纸张和油墨的气味,任何一点都能引起他的兴趣,让他兴奋着迷。通过通俗小说,他认识了一个脚穿木鞋,身覆白雪的法国。左拉的《卢贡-马卡尔家族》、米歇尔·泽瓦科的《帕尔达扬》、巴尔扎克的《人间喜剧》,以及儒勒·凡尔纳、查尔斯·狄更斯的作品,这一类书籍在奥古斯特-孔德大道上的市立图书馆内应有尽有。他比较喜欢页边距较窄,字体较小的那种书,那样的书才乐趣无穷。每次去图书馆,他都要借回两本,然后狼吞虎咽地看完。他边走边看,书不离手,废寝忘食。每当母亲停下手上的家务,或从阳台上的椅子上——她最喜欢的观景台——起身的时候,都会习惯性地去轻轻抚摸他的头发。加缪头也不抬,对身旁一边给狗抓跳蚤,一边嘟嘟囔囔的艾蒂安舅舅也无暇理会。他更没有注意到,城市的喧嚣正从窗户涌进来,填满这个拥挤不堪的,像难民营一般的公寓。

他狭小的卧室里没有煤油灯,这才止住了他的狂热,熄灭了他永不停息的渴求。沉浸在文字中的他,逃离了沉默的家人,他们的这种沉默,实际上也为他免去了贝尔古区烦琐的事务。在这个工薪阶层的街区,世世代代以来都混杂着古老欧洲的各类人等,这里的法语、西班牙语、那不勒斯语、马耳他语全都混杂着阿拉伯口音。直到14岁,年轻的加缪对街道冠名的那些人名,如拉马丁、缪塞、拉·封丹、福楼拜、米什莱等还一无所知。以这些人名命名的街道与里昂街互成直角,然后与贝尔古的另一条叫七月十四街的道路相交。这些街道也与那些以某某将军,某某海军司令之名命名的道路交错在一起。泱泱法兰西,她的文学,她的丰功伟业,她的璀璨人物都汇集在阿尔及尔当地的地图册上。有一天，加缪问："妈妈，祖国是什么？"他的父亲，正是为了所谓的"祖国"，于1914年10月11日在马恩河战役中牺牲的。也许，她对于这个所谓的祖国、国家、宗主国也一片茫然，她从未踏上过那片土地，她只是个整天操劳家务的帮佣，世界有多大，她无从想象。高卢人？不，那些人并不是她的祖先，她的祖先来自巴利阿里群岛的梅诺卡岛。不过这不重要。提到阿尔贝·加缪家族的家谱，其曾祖以上祖辈的身份和来历，准确说来，父系一方来自阿尔代什，母系一方是西班牙人——这也无关紧要：加缪的家族既没有辉煌的过去，也没有代代相传的故事，而现在，一家人都被现实紧紧掐着脖子，被日常工作压得喘不过气。凭着仅存的几张相片、依稀的回忆，父亲的形象还可以勉强存续，但他未留下任何书面文字。反正加缪的母亲是个文盲，也不识字。他的外祖母也一样，目不识丁，也不会数数。青年时期的加缪定期造访图书馆，尽管那里远离他所住的街区，但对他却有种特殊的吸引力。图书馆旁边是圣 - 尚塔尔女子寄宿学校,那里面可是另一种魅力……

现在的加缪,像一个在矿坑中的矿工或在旷野中的拾穗者一样,在姨父的书架上自在地采集、收获知识和快乐,弥补休学之憾。一直要到凌晨,他才愿意和那些陪伴了自己整晚的伙伴相依入眠。对加缪而言,与文学同床共枕已经超越了一切。他阅读过詹姆斯·乔伊斯、夏尔·莫拉斯、安德烈·纪德、保罗·瓦勒里的作品,还有已经不太流行的阿纳托尔·法朗士全集。他还阅读过那些歌颂阿尔及利亚的太阳、赞美人体和地中海之美的作品。那些作家的作品总会让人先是愕然,然后顿生一种钦佩之情:每当他发现一本让自己产生深刻共鸣的书,都会有这样的体会。纪德便算得上是其中之一,加缪收录了他于 1900 年前后旅居北非期间所作笔记的《阿闵塔斯》便是典型的例子。

母亲来到姨父家看他,带着温柔的眼神,情感埋藏于内心深处。对她儿子——这个仿佛和他父亲一个模子印出来的孩子,她几乎从不说什么,要她声情并茂地描述两人间简单的母子关系,更是强人所难。同样,她也不会过分亲昵地表达感情,从语言和态度来看,她都像个边缘人。每当她结束帮佣工作,拖着一身疲惫回家时,都会习惯性地在窗边待上一会,双手交叉放在膝盖上,呆呆注视着镶木地板的沟槽或凭栏眺望街景:来往的电车、卖冰品的商贩、咖啡馆或烟草店的顾客、对面缝纫店或鞋店的客人。她就像不复存在一样,沉默使她变得令人捉摸不透,似与周遭融为一体,成了一块岩石。她耳朵不好,听不见儿子放学回家的声响。于是加缪在走近她,准备将她唤醒之前,加缪总会先细细打量这幅冥思者的图画,画中之人颈项纤细,身材瘦弱。会不会惊扰到她?她不喜欢突如其来的打扰,并且总是勒令他去做功课。在同辈中,加缪总是出类拔萃,但他靠的不是拳头,而是笔头。而且,他很懂得沉默和观察:某个乏善可陈却又无可指摘的妇人,一片天空,一汪沉吟的大海。后来,他迷上了面无表情的希腊雕像,而不是那种眼睛突出,喜笑颜开的大理石块。之后他在《反与正》里这样描述这些雕像:"这个奇怪的母亲的冷漠啊!这个世界巨大的孤独是我唯一的衡量尺度。"在不言不语的沉默中,在"不死之人的冷漠与宁静"中,他重新找到了灵感之源。在律动的大海,漂亮的田园和满布繁星的天空中,他重获了新生。"我需要一种博大。当我深深的失望与世界上某个最美妙的风景所蕴含的隐秘的冷漠相汇时,我终于找到了它。从中汲取的力量使我变得勇敢和清醒。"同样的语句重复了很多次:使人安心的冷漠、给人慰藉的冷漠,人生自有安排,不因任何事而改变,就算有人为了让其乏味的存在变得庄严,不惜以三声击棍①去叩响武装暴乱的大门也是枉然。在《西绪福斯神话》中,加缪断言"当人性的

---

① 在戏剧舞台上击棍三下,作为提醒观众注意演出即将开始的信号。——译者注

呼唤遇上世界无理的沉默，荒谬便应运而生"。在他看来，这样的荒谬是一种能量、一种反抗和对生命的热情。

直到现在，加缪都是在一个全无书籍，也没有暖炉和自来水的家庭里长大的，家里家具摆设也不多；这是一个由日常必需品构成的世界，在这里，一切都由习惯主导，生活像一条环形公路，周而复始往复不变。古斯塔夫·阿库是个成功的商人，他所经营的肉店里销售法国的上等牛肉。他家的餐具也是上等的，每一件都印有精细的静物图案，产自于闻名遐迩的手工作坊，陶制品产自孚日山脉，放在桌面上的整套餐具出自于坎佩尔。蓄着无精打采的胡髭，嘴角挂着忧郁，一副典型的屠夫模样？古斯塔夫才不是那样。他留着尖尖的八字胡，这种胡子使他的微笑显得更有魅力。他是个吃货，脸上总是笑盈盈的，而且特别爱和别人聊天，经常聊到口干舌燥。到那时，他就会买一杯茴香酒来润润喉咙。如果条件允许，还会佐以几根玫瑰香肠，那是他家乡里昂的特产。在这一带，他可是个"大人物"，这是当地人对那些可以为日常生活增添情趣的老熟人的惯常叫法。古斯塔夫名声在外，不仅是因为他的"英法肉铺"干净整洁，还因为他那一套别具一格的行头：每到中午就会脱下的围裙、脖子上的红色围巾、蓝色格子外套、一顶威尔士王子式的帽子。店里的肉类陈列得整整齐齐，店主也衣冠楚楚。古斯塔夫性情愉快开朗，对政治颇感兴趣，他主张无政府主义，反对任何形式的政府。他对辩论充满热情，在争论中总是旁征博引，这些素质让别人对他刮目相看。他告诉外甥加缪，屠夫是一个体面的职业，只消八天就可以学会，然后就有充足的时间留给写作。他希望加缪也赞同自己这种实用主义思想。

　　古斯塔夫属于那种自学成才的人。这种人一说起话来，总是最入戏、最狂热的。他们的学识都是自己寻觅所得，对于知识，他们有自成一派的衡量标准。他们在知识的森林里狩猎，而从不会去绑架别人的想法。他极其信从伏尔泰、阿纳托尔·法朗士和乔伊斯，后者的《尤利西斯》他读了又读，乐此不疲。对于诗人，他也不抗拒，他认为诗人当中最为出色的当属保罗·瓦勒里。每天上午忙完肉店的生意，古斯塔夫都会穿过街道，来到他的港湾——位于米什莱街56号的"文艺复兴"酒馆。每到夜幕低垂之时，头发抹得油亮、兴高采烈的小年轻就会来这里寻欢作乐。他在这儿与大学教授和学区区长玩勃洛特①牌，他总是一边洗牌一边散播学识。他不但喜欢牌桌子，对辩论桌也相当痴迷。总之，这是个快活的人。在他家的屋檐底下，在他的藏书之中，在阿尔及尔红色的残阳下，加缪与病痛抗争着，不断强化着自己活下去的欲望。他只有17岁，但他很清楚，自己将成为作家。

---

① "Belote"是一种法国人喜欢玩的32张纸牌游戏。——译者注

每天清晨5点30分，加缪都会站在电车车门的踏板上，或是手拉扶手摇摇晃晃地站在车里，去阿尔及尔高中上学。地方当局前不久才将这所学校改名为"比若"中学，用以纪念1841年曾率十万士兵，施行焦土政策最终化解马格里布人顽强抵抗的那位将军。从米什莱街出发，这段行程要花一刻钟。路上各种画面让人目不暇接：首先是以卖海鲜出名，一大早就热闹非凡的克洛泽尔市场；然后是阿格哈路口，多条道路在这里交会；接着是邮政总局。之后电车穿过康斯坦丁路，停在布列松公园，那地方总有几头驴子在嚼草叶。加缪在总督府广场下车，在这儿，他只需瞄一眼德吉玛·艾尔－德吉蒂清真寺上的钟就能判断自己能否准时到校。这座清真寺的高塔有25米高，居高临下俯瞰着矗立在宽敞的广场中心的奥尔良公爵骑马雕像，公爵胯下的坐骑两腿高抬、尾巴竖得笔直，这种姿态让这个曾在征服阿尔及利亚的战斗中英勇率军的将领看起来更像是一名精通"西班牙舞步"的骑士。纪念雕塑周围，耀武扬威的检阅从未间断。比如操着阿尔萨斯口音的大胡子警官施奈德每天都佩戴着他的长军刀，在此巡视着来来往往的阿尔及尔人。加缪接下来只消沿着熙熙攘攘的巴布瓦迪街一直往南走就可以到学校了，不过他必须在拱廊下密密麻麻的货摊间闯出一条路来。一路上，他必须得拨开一串串红香肠、一排排用椒盐腌制过的鳕鱼尾，此外还要抵抗阵阵咖啡和茴香酒气味的围攻。

这就是巴布瓦迪广场，以前的兵器广场，殖民政府曾于1843年在这里施行断头政策。如今，这里成了阿拉伯工人、马耳他牛奶贩子、那不勒斯渔民、伦巴第泥瓦工、巴利阿里车夫的汇集之地。学校正对着阿尔及尔锚地，坐落在卡斯巴赫区和马伦哥花园中间，它巍然耸立，呈现出第二帝国的建筑风格，庄严但又不失优雅：棕榈树的枝叶像是为正门的一座座拱廊拂去尘埃，宏伟的阶梯直通入口处的大门，进了门口，映入眼帘的是高低错落的上下多层走廊，三个绿树环绕的长方形庭院。这所学校只招收男生，现有学生2500名。它在精英教育上可谓大名鼎鼎，在当时如日中天的法兰西帝国，这是唯一一所设立高等学院预科班的中学。从该校毕业的学生中，不乏著名的经济学家、法官、政治家和地理学家。有时候历史轮转，造化弄人。在改写了国家命运的校友中，有一位社会主义者勒内·维维亚尼，他是《人道报》的创办者之一。1939年9月1日[①]，正是时任总理的他下达了一战总动员令。阿尔及尔人吕西安·加缪响应这条号令，戴

---

① 疑原文该日期有误，勒内·维维亚尼发布动员令是在1914年。
　　——译者注

着一顶草帽就奔赴了前线。他加入了那些为国捐躯者的阵营，成了不计其数的牺牲者中的一员，为了保卫"本土"，他第一次踏上那块土地，也成了最后一次。他的妻子在变成寡妇之后，将他的装备全都装箱打包起来。部队在向她致哀的同时，也将那块杀死了她丈夫的炮弹碎片寄给了她。

在铺着黑白相间地板的食堂里，加缪狼吞虎咽地吃着一碗菊苣和几片干面包，这些餐点费用都包含在他的奖学金内。由于前几个月休学，他损失不少，缺了那么多的课，重修是在所难免的了。好在他生于年末 11 月 7 日，所以本来也差不多是班上年龄最小的。哲学课的老师是 30 来岁的让·格勒尼耶，在 1930 年秋天被派到阿尔及尔。一开学，他就将这个新生安排到了第一排，该生的成熟出乎他的意料，而且看起来一副桀骜不驯的样子，典型的一个问题人物。两个月之后，加缪突然没来上课。从同学那儿得知了他旷课的原因后，格勒尼耶提议跟这位同学一起去家里看望得了结核病的加缪。从地图上看，格勒尼耶家所在的满是白色房屋的伊德拉山丘和贝尔古区处在遥遥相对的两个方向上。出租车窗外，景色不断变化：铺着石板的庭院，手工艺人的作坊，藤蔓缠绕、锈迹斑斑的栅栏，偶尔冒出来的几座洋房、棚屋，三五成群的游手好闲的小孩，就是那种有时会将流浪猫关进垃圾箱的熊孩子。里昂街93号，他们到了。穿过蟑螂横行、黑乎乎的楼梯间，两人上到二楼……

加缪自尊心很强，这是他高贵的标签。他知道是什么让他变得与众不同——疾病、贫穷。此类阻碍使他产生了一种超脱，一种内心的自由。他只需要跟自己比较，那些与生俱来需要传承下去的、前辈铭刻在姓氏之上的社会荣耀、家族传统、学术套路，他通通无须操心。他怀着一颗充满阳光的心，勇敢地度过了贫苦的童年，而不是像狄更斯一样，内心一直栽培着向曾经羞辱过自己的人复仇的种子。出生在地中海岸边的加缪从未想过有一天会搁置于此。他心智早熟，知道哪些东西可让他获益匪浅,也知道应对什么有所企图,但欲望一词却压根与他无关。不过,一旦有人冒犯了他的尊严,这个阳光的孩子立刻就会变得胆怯多疑起来。当然,现在的他还是比6年前进步不少。六年级开学的时候,由于身上穿着破破烂烂的长裤和补了钉子的鞋子,他被几个不客气的同学嘲笑是邋遢鬼。课堂上,加缪总是认认真真,但一下课,他便条件反射般变成了街头小混混。他以暴制暴,拳打脚踢,还被处分课后留校。

格勒尼耶按响了门铃,说明了探望病人的来意。加缪惊讶到说不出话来,勉强跟这位关心自己健康状况的老师问了声好。随后便是沉默寡言,甚至一言不发。他双拳紧攥,双唇紧闭。因为害羞?自负?或是压抑的怒气?这个格勒尼耶是什么家伙?老师?刨根究底的门房?"上级"领导?还是和以前的热尔曼一样,是知识的使者?对这个大他15岁的兄长,他也不过是刚刚认识。谈话无疾而终,两人之间只有拘谨不安，老师只好告辞。

现在，已经返校上课的加缪不再心存戒心。他对这位特意来看望他的人也有了更多的了解。甚至开始欣赏起这位老师来，认为他在思辨中总能敞开心胸，喜欢质疑，并且总是忧心忡忡。格勒尼耶是个心思缜密的人，一个吹毛求疵的作家，一个鄙视教条的不安分的空想家。日常小事总能激发他进行思想的辩论。他的学识随着好奇心不断拓展，而他的好奇心是如此广阔、无所不包，甚至对道家与印度教思想也有所涉猎。他以老师的身份在课堂上循循善诱，善于抛砖引玉地提出问题，激发学生的独立思考。有时，他在课后还会留下一两位学生单独对谈，并试探他们的想法，问问他们有什么喜好，对未来有何打算。

加缪——这个在水泥院子里踢足球，似乎重获了精力和笑容的少年——正是他最好的学生。格勒尼耶对此并没有遮遮掩掩。从加缪返校那天起，两个人就经常对话。谈话经常从课堂上开始，一直持续到课后。

两人交流思想、互借书籍、互赠礼物。有时，为了继续没有聊完的话题，他们还会一起去市里散步。加缪习惯把老师送到他位于伊德拉公园旁的洋房，然后再搭公车回家。格勒尼耶经常在由纪德和让·施伦贝格尔共同创办的文学杂志《新法兰西评论》上发表文章。他到过不少地方：阿尔及尔、阿维尼翁、那不勒斯，然后在休假那年又游遍了欧洲。在来到阿尔及尔教书之前，他曾在卢尔马兰城堡住过一段时间，该城堡位于阳光明媚的吕贝宏地区，洛朗·韦贝尔基金会定期邀请一些艺术家前去暂住。1928年10月，他在那里结了婚，后来，当他在阿尔比工作时又回去了几次。加缪很尊重他，知道他生性含蓄。格勒尼耶确实不喜张扬，讨厌夸夸其谈而且总是避免真情流露。他嘱咐这些心高气傲的学生要"接受几次谦卑的洗礼"。和那些忧愁又敏感的伟人一样，格勒尼耶生性腼腆，但他从不动怒。偶尔，加缪也会因受到批评而心生不爽，但这种情绪不会持续太久，因为他对这位老师的感激和敬仰是如此之深,每当他迷茫惶恐之时,能找到的最好的解药就是去征求他的意见。格勒尼耶将他领进了文学的殿堂,让他体会到了睿智的谈话和深刻的自省中蕴藏的乐趣。对那些迫不及待想要直接得到答案的年轻人,格勒尼耶往往是以提问的方式让他们自己试着解答。作为北方人的他来自于薄雾和沙滩之地。童年时期,他随母亲迁居,来到圣布里厄的一个渔港生活,那是一个封闭的村落。要不是在19岁那年,1917年的某一天,在市立图书馆碰巧结识了另一位闲逛者——一个鞋匠的儿子、年轻的诗人路易·吉尤,也许他早就窒息而亡了。两人曾一起漫步于海滩,畅所欲言地探讨无边无际的文学,挨过潮涨潮落的时分,直到夜幕低垂才不得不结束探讨。他们也讨论诸多其他重要的主题:宗教、革命、爱情、战争,及年轻人在追逐梦想的征途中借以导航的各种坐标。建立了难得的默契之后,两人又相偕游历了欧洲:苏黎世、维也纳、布达佩斯。后来,通过了中学毕业会考的两人又在巴黎重聚,继续深造。他们进入了文人圈子,并创立了"旋涡主义者"社团,这个团体对其成员只有一个硬性要求,就是定期去普罗科普咖啡馆聚餐吃夜宵。安德烈·马尔罗有时也会参加他们的聚会。每到放假,两人都会回到圣布里厄。加缪的父亲就安葬在这里的一座专门埋葬为国殉难者的墓园里,离格勒尼耶家的家族墓穴只有几十米的距离。埋葬加缪父亲的城市也就是自幼丧父的格勒尼耶出生的城市。这是个奇怪的巧合:两个家族的墓地在布列塔尼彼此为邻,两个家庭的儿子又在巴布瓦迪街上彼此相识。

到了阿尔及尔后,格勒尼耶不断结识新朋友,也没有疏远老伙计。巴黎是作家的圣地,对于任何一个热爱文学的人来说都不会遥远。不难想象:若将一本书书脊向下放在手中,它会自动摊开变成船壳的形状,仿佛在暗示文学本来就喜欢乘风破浪到处漂泊。众多书籍和杂志从法国舶来,但除了这些定期到港的"渔获",格勒尼耶更喜欢自己去捕猎。去斯托拉先生的洞穴寻宝，他乐此不疲。这个书商有着旧书纸一样皱巴巴的皮肤，他格外怜惜珍本书籍和那些被后世遗忘的作品。店里有一个摆放着稀奇古怪玩意的橱窗，而在橱窗背后还有个别有洞天的后厅，那才是他经常活动的密室。从这家书店淘到的书籍被格勒尼耶的学生们交换、传阅，就像是友情的凭据和藏宝游戏中找到的宝贝。

邮政总局矗立于阿尔及尔的中心，那里也是市区最繁忙的主干道交汇之处，1918年的休战庆祝活动就在这里举行，情侣们也习惯了在这儿约会碰头。大理石的台阶通向广场，广场上立着3个由珍贵木材制成的拱门，拱门上写着："电报与电话造就了它。"这种糅合了神话韵味的现代气息略显另类。这个有着圆顶和尖塔的新摩尔式建筑，可谓是好消息与坏消息的收发站。在这个他出生那年投入使用的建筑物面前，加缪兑换了一张关于未来的支票。刚通过高中会考的他鼓起勇气，询问刚好路过的老师自己是否可以成为作家？还是应该在哲学上继续深造？格勒尼耶虽然对远东的神秘学问颇有研究，但他毕竟不是德尔菲神庙里的神谕者，更不是一个随随便便就给人出谋划策的人。他只是严肃地鼓励了加缪，加缪不仅因疾病而变得成熟，还对被诅咒的英雄和浪漫主义人物怀着一种悲悯的关注，那正是他逐渐变成的那一类人。我们在《反抗者》的开篇读到："浪漫情怀到此为止。"在阅读的刺激下，加缪不停地写作，并将课堂作文之外的随笔也一并交给老师过目，格勒尼耶则毫不留情地写上批语。这位老师当时还赞助了《南方》杂志，这是一本关注北非文学生活的"文艺月刊"，创刊于1931年12月。格勒尼耶认为一个不会表达自己的人是无法了解自身的，所以他一直鼓励学生针对一个既定的主题发表自己的想法和评论。加缪借机发挥，充分展示了自己对诗人魏尔伦和杰昂·利克杜斯的认识。但他明确表达了对左拉的不屑，以及读完柏格森的《论道德与宗教的两个起源》之后的失望。相反，尼采和纪德却让他印象深刻,这一看法之后也从未改变过。事实上,在他18岁时,就能大段地背诵《恋爱试验》和《浪子回家》里面的段落。5年之后,他将后者搬上了舞台并亲自参与了演出。更为成熟之后,他重读了《地粮》,并将其称为"贫民的福音书"。尽管1897年的初版发行量甚少,但之后,这篇长篇散文诗却被数代读者奉为必读的经典广为流传。感官的觉醒、对人体的颂扬,对于那些早已对19世纪延续下来的道德束缚和清教主义老传统忍无可忍的年轻人而言,就如同一种启示。此外,加缪也很喜欢《纪德日记》中流露出的人性之光。他还处于探索自身风格的阶段。这时的他写了一个系列的哲学对话录,取名叫《直觉》。文章略为浮夸,也有些言过其实。但借着这些象征性的文字,年轻的作家正磨炼着文笔。

今天，外祖母死了。送葬的队伍跟在柩车之后，沿着科雷特路前进，赶往布吕大道上那个居高临下俯瞰着市区的公墓。这是一个晴朗又冷冽的冬日。卡特琳娜·玛丽亚·卡尔多娜，桑德斯家的寡妇，她于72年前出生于西班牙的梅诺卡岛，生下了9个子女，其中有两个夭折了。在阿尔及尔，只要有人去世，人们就会哀叹："可怜的人啊，他不再歌唱了。"这位祖母则将这句话改编为："好了，他不会再放屁了。"她的小孙子对此作何感想？一个粗鲁、专横、敏感易怒的人。在他的印象中，她不是绷直了头发就是拉长了脸。身穿一件黑漆漆的罩衫，不苟言笑。有时，仅因为踢了球或者跟伙伴去了海边，就会招致她一顿责骂，甚至屁股开花。有时，她恐吓他说总有一天会被砍头。她是个不折不扣的演员，只要一有人到访，她就会拎着一块抹布出现，夸张地抱怨这儿痛那儿痛。从加缪识字起，她只要一进到电影院就大声嚷嚷自己忘了拿眼镜，好让加缪给她念默片的字幕，《佐罗的标记》《两个孤女》，通通如此，搞得邻座苦不堪言。她那夸张的语言、浮夸的演技，实在让人痛苦！她与她的女儿——加缪的母亲，简直是鲜明的对比。还有，她总是强迫幼小的孙子在她身边睡午觉，可她身上的哈喇味实在让人受不了。家里一来客人，她就要搬出那个问题："你妈和我，你更喜欢谁？"加缪总是迫不得已说谎，违心地回答自己更喜欢这个提问者——这个将自己柔顺的女儿压得喘不过气来，每次购物回家就大呼小叫，搞得一屋子都乌烟瘴气的女人。现在，一切都回归了平静，也没有太多伤感。一年前，她的两个孙子，加缪和吕西安都已经离家，桑德斯夫人找不到人骂，也没什么人对她感兴趣。作为参观墓地的常客,加缪后来经常描绘那些被遗弃的老人,他们翻来覆去,唠唠叨叨地嚼着舌头,却盼不到一声回应,只有独自面对死亡的念头。

外祖母死了。也许他该流泪。

1932年10月,加缪进入了"高等预备班",阿尔及尔3年前开设了这种特别班。这种被人冠以"非洲的高等师范学院预备班"的班级,其实并非直通邬尔姆街①。班里男女学生共计十来名,在班级合照中,每个人都严肃地望着镜头。站在后一排的加缪因为其倾斜的眼神而显得很打眼,黑眼圈让他的眼神显得阴沉,但头发梳得服服帖帖的。站在第二排有两个来自奥兰的年轻人,脖子上系着显眼的大领结,头上戴着预备班特有的船形帽。他们分别叫做安德烈·贝拉米克和克洛德·德·拉普瓦·德·弗雷曼维尔——

---

① 巴黎高等师范学院所在地。——译者注

这个名字让人想把它砍掉半截，或至少弄一个缩写。总爱脱下外套的年轻人，对繁文缛节自然是退避三舍，所以对这个名字提出了各种缩减的提议。然后就变成了弗雷曼维尔，或者干脆就叫弗雷曼。这个出色的、有点自负的年轻人也在战时失去了父亲。只不过，加缪的父亲是个籍籍无名的祖阿夫士兵，而弗雷曼的父亲可是个军官。也罢，生活中缺少了父亲并不意味着一无所有，这种别样的人生反而会驱使人在失去保护伞的情况下勇敢前进。除了以上三人之外，还有一位虔诚的教徒乔治·迪迪耶。他来自于一个恪守教规的天主教家庭。加缪在六年级时就已认识他，这是加缪结交的第一个属于其他社会阶层的朋友。那时候已经立志成为教士的迪迪耶曾要求加缪不要在他面前说脏话。动不动就亵渎神明的贵族克洛德、不可知论者加缪、犹太人安德烈以及狂热的天主教徒乔治只因一个共同的信仰走在了一起：文学。安德烈对象征主义诗歌有着火一样的激情，热情的弗雷曼则对美国小说情有独钟。个性迥异的几个年轻人就这样聚到了一起，建立了友谊——尽管他们阶级不同，信仰各异。

在课堂上，格勒尼耶曾表示出对苏埃托尼乌斯所作《罗马十二帝王传》的赞赏。这些皇帝中，有位名为卡利古拉的，此人25岁便身居帝位。他面目可憎：身材高大、两腿细长、除了头是秃顶，其他地方都长着浓密的毛发。他有恫吓别人和易装成女人的癖好。这个小丑一样的暴君对表演和权力游戏怀有病态的兴趣。一年之后，拉丁语学者、古罗马专家雅克·厄尔贡向已经坐在大学课堂的加缪再次详细描绘了这个疯狂的人物。于是在1938年，他根据这个题材写就了一部伟大的戏剧，然后又在1944年改写了前作。还在姨父家时，加缪就读遍了他家里的经典著作，以前的，更早之前的，所有过往的，简言之就是之前所有时代的作品。但是在格勒尼耶的指引下，他才发现了当代佳作，尤其是普鲁斯特和列夫·舍斯托夫。老师将好友路易·吉尤所作的首部小说送给了他。这部名叫《平民之家》的小说用人道主义的笔调赞扬了互相帮助和公共财产的价值（"应揭发不公正之事。虽说道出真相并不容易，但那却是唯一配得上人之尊严的事情"）。小说围绕一个鞋匠的公会战争，以及他为了养家糊口在日常生活中进行的抗争展开。这个故事在加缪心中唤起了熟悉的回响。这个年轻人发现，书中的每个章节都跟自己的想法不谋而合：对于一个港口城市的热爱，在那种地方，年轻人做着年轻人该做的事情，他们一起赛跑、结伴去游泳（"他从未想过要去别的地方生活……他找不到比这里更美妙的地方"）；还有那些因贫穷而成为"城市里的外来人"的角色；以及那个局促不堪的公寓，以至于3个小孩只能睡在厨房里面……不言自明的苦难，可以如此流露于笔端，加缪在心里暗暗地想。读完安德烈·德·里绍的《苦痛》之后，他更加坚定了这个想法。这本小说讲述的是一个年轻的母亲和一个德国囚犯之间离经叛道和充满肉欲的激情。它和几年前哈第盖的小说《肉体的恶魔》一样,激起了不小的波澜。但对于加缪来说重点不在于此,而在于有一条道路在他面前铺开,有一种理念开始成型:去谈论那些他之前避而不谈的事情,谈他的家人,谈那些只为满足生活最低需求所做的必要行为、家庭的沉默、子女对父母的爱。格勒尼耶先生作为严谨的思考者,总是关注反对意见;与之相反,加缪情绪激动,容易亢奋。前者总是为经济担忧,因而随时都在省吃俭用;后者身无分文,但也从不记挂钱袋子,只要一拿到到姨父给的零花钱,就呼朋唤友大肆逍遥一番。他后来总是在想,有人一门心思积攒钱,想要把钱占为己有,这是多么奇怪的一件事情啊!这样做的结果并非是人拥有了金钱,而是金钱占有了人,将人变成了奴隶。他从来不是一个喜欢算计的人,无论哪种算计他都不感兴趣。

1933年,让·格勒尼耶出版了《岛屿》,这本小书是一首关于人的孤独处境和地中海景致的变奏曲。

还走在街上时，加缪就迫不及待地翻开书读了起来。然后他匆忙赶回家，捧着书过了一夜。阅读本身构成了一座可隔绝睡意的孤岛。在《岛屿》中，格勒尼耶提醒世人，表象是会消逝的；总是困顿于一些莫名其妙的事物和威胁，人难以体会纯粹的感官之乐；尽管太阳和大海如此壮美和谐，仍无法使人摆脱那些纷扰的忧虑、不可避免的死亡；狂喜是罕有的，经历一次也就少一次。作为漫长而充满忧虑的人生的补偿，快乐的时光偶尔昙花一现，使人妥协于其扮演的永远不可能尽善尽美的角色。那是一种"悲惨的角色"，一个"他们演得如此投入"的角色。1959 年 1 月，加缪为此书再版写序，称这本书的阅读体验对他本人的写作生涯产生了决定性的影响。眼下，这本书使他在怀疑中觉醒，减轻了他的痛苦，同时也产生了一种挫败感。这本书让人对自己容不得半点宽容，字里行间完全不给人喘息之机，更没有一句谎言，只有无情的事实。跟本书作者相处时，也会产生一样的感受。天知道，格勒尼耶的陪伴使加缪迅速成长的同时也带给了他满满的沉重感。他并没有完全对加缪敞开自己孤独和痛苦的内心，因为他反感任何形式的亲昵，认为只要不那样做便可以让自己内心的敏感得到保护，免受伤害。在这一点上，加缪倒跟他这位老师不谋而合。后来，他于1945年写道："如果我没有我那样的童年，我就会成为他。"他仰慕这位兄长，认为他在地中海的阳光下绽放，并将其自然之美发扬光大。他自己对这座城市也有难以割舍的热爱。在那个众多年轻人向往着远走高飞，尤其是怀揣远大志向的作家一心总想去征服巴黎的时代，加缪在一封寄给弗雷曼维尔的信中写道："除了阿尔及尔，我在哪儿也活不下去。永远不可能。我去远游，因为我想认识这个世界，但我坚信，在别处我永远是个流亡者。"在这一点上，他始终没有说错。

由于其古典文化素养，格勒尼耶属于一本无法归类的语法书，他致力于慢工出细活的精耕细作，对技术上的创举提不起兴趣。加缪认为他对人类失去了希望。但在这一点上,加缪忘记了《岛屿》中一个很重要的观点,也就是第一句话:"在人的一生之中,尤其在其初生之时,有一个决定一切的时刻。……此刻并非总像一道闪电。"对加缪而言,随着时光流逝,这个时刻变得越来越清晰:童年,即那个充满苦难和劳碌的世界开始的地方。那时,每一个铜板都格外珍贵;那时,人们除了生活所需之外一无所有;那时,语言是如此匮乏,故事都无话可写;那时,由于疏于内省和缺乏知识,人们并不认识自己,对自身的陌生感将每一个人牢牢囚禁,一种既不会爱又不会感动的漠然使每一个小时都没任何不同,使人在不幸面前也可以麻木不仁。他有个长兄,不管出于有意无意,此人都很少被他提及。即便在他写到母亲、姨父、祖母的时候,也没有对他进行什么侧面描写。哥哥比他大4岁,也识字,但同样没有逃过长兄规律,由于祖母比较偏爱小孙子,他总是挨更多的揍。球踢得很好,性格敏锐，乐于交际，他 14 岁辍学，然后找了份周薪 20 法郎的工作。这份酬劳一到手，便要立刻转交给外祖母。他的老板是酒贩子里寇姆，他的父亲吕西安本人也曾在这人手下干活，由于别无选择，儿子重新开始了这个无休止的苦役循环。

《岛屿》这本书是世间之美的颂歌，同时也充满了幻梦破灭之后的觉醒，它赞扬那些感染了忧伤、富有悲剧色彩的身体，但又对 1914—1918 年间的大屠杀[①]唱起天鹅之歌，加缪自问：在它之后，还有什么好写呢？每当他读到自己钟爱的作者——纪德当然算，另外还有列夫·舍斯托夫——的作品，他就忍不住自问：用什么去回报他们呢？有什么新颖的观念或是特别有深度的思想？还有什么想法是站得住脚的，独树一帜的，而不是拾人牙慧、人云亦云？

[①] 意指 1914 年 7 月 28 日至 1918 年 11 月 11 日第一次世界大战。——译者注

他苦思冥想，锲而不舍。与格勒尼耶这样一位不仅写书而且出版的人物的交往使他对文学的出路更为深信不疑。同龄人把文学当成一种幻想，在自己编造的荣耀之中自我陶醉，哪怕一句像样的句子也没写出来过。他们凭空搭建起幻想的仙山琼阁，其实也根本无从攀登，他们就像其他人渴望爱情一样，对写作充满了渴望，但爱的对象是什么已经无关紧要。梦想是那么多彩，现实经历却极度匮乏。加缪可并非如此。他的使命已经初具雏形，这个19岁的年轻人将其称为"诺言"。这一刻，他决定毕生遵从于这个使命，为此甚至不惜做出种种牺牲。诗人马克斯·雅各布在给他的信中将其称为一个"向怪兽（或艺术）发起进攻的骑士"，他也是通过格勒尼耶与加缪结识成为朋友的。在几本仿皮封面的笔记本里，加缪密密麻麻写下许多读书笔记和几篇涂鸦一样的文字。从题目上大致可以看出一些文笔的青涩：《失去挚爱》《上帝与其灵魂的对话》。而这时候，他最要好也是最聪明的朋友克洛德·德·弗雷曼维尔，已是妙笔生花。

很多大学教师，如雅克·厄尔贡、让·阿拉扎德、勒内·普瓦利耶等，本身就是文学评论家或作家，他们多多少少都跟本土一些有分量的小说家或哲学家有一定的交情。当这些"共和国的轻骑兵"与这群学生碰到一起，便自然而然地在阿尔及尔形成了一个前所未有的知识分子大家庭。在这里，老师和学生之间没有阶级的藩篱，只有共同奋斗的目标。格勒尼耶相信，一个新的种群在阿尔及利亚诞生了。他在1937年发表的《圣克鲁斯与其他非洲风光》中坦言道："智慧的领地正在不断扩张。也许一个世纪之后，现在显得不可动摇的欧洲社会也会归于平静、化为虚无，又或许如此多民族的融合会催生另一个亚历山大。在此之前，还有很多事情可做。"是啊，格勒尼耶说得没错，有很多事情可做，当务之急是为阿尔及利亚建一座属于自己的文化机构，用来反映以地中海风格为源头的创意与灵感。在这里，日暮之后人们仍会上街出门，而不像法国本土那些可悲的城里人，入夜之后就匆匆打道回府。在文化领域，这是一场新的征战。当然，阿尔及尔本已有一座有名的大学、两座博物馆、一所巴斯德研究院的分局、一座剧院和一所国立美术学院。1925年，美术学院院长的儿子加布里埃尔·奥迪西奥以一部名为《三个男人与一座清真寺尖塔》的小说赢得了阿尔及利亚文学大奖。阿布德-艾尔-蒂夫别墅①里，寄宿着多位对东方满怀憧憬的艺术家，在这里，他们能碰到现代艺术专家让·阿拉扎德、《地中海的灵感》的作者——诗人保罗·瓦勒里，以及乔治·杜亚美。如果摩洛哥杂志《阿格达尔》的主办者亨利·博斯克正好路过阿尔及尔，要在这里碰见他也不算稀奇。此外也可能巧遇那个喜爱阿尔及利亚更胜过意大利和

---

① 与罗马的美第奇别墅、马德里的委拉斯开兹之家一样，阿布德-艾尔-蒂夫别墅为在阿尔及尔的艺术家提供寄宿。——译者注

希腊的亨利·德·蒙泰朗。1935年，他发表了《还有天堂存在：阿尔及尔影像》，他将身处阿尔及利亚的法国人描述成一个"充满活力、精神抖擞的年轻种族"，在那儿"生活战胜了一切"。在突尼斯、拉巴特、阿尔及尔和马赛之间，一些文化的联系已经形成。马赛这座古城被安德烈·苏亚雷斯所颂扬，认为它"沉醉在当下"。一个憎恨马赛的人应该不怎么热爱生活，因为马赛人民是那么热情洋溢，他们知道何谓"幸福"，即使这些幸福只存在于"蒜味油膏"或"鱼汤"之中。由于可以使用的形容词都大同小异，地中海片区的很多地方得到的赞美也相差无几，它们形成了一个命运和希望的共同体。充满活力、享受当下、热爱故乡：寥寥数语，不是已经描绘出了这些阿尔及尔年轻一代，那些想要建立一个全新世界的年轻人的形象？在他们目光所及的远方，法西斯的灾祸正在意大利和德国弥漫开来。

通过文学专业的学生马克斯-波尔·富歇的介绍，

加缪结识了路易·贝尼斯蒂、让·德·梅松瑟勒、勒内-让·克罗和路易·米盖尔。这几位都是艺术家,美的崇拜者。克罗毕业于阿尔及尔美术学院,贝尼斯蒂比其他同伴年长 10 岁,但他单纯的个性使他看起来要比实际年龄小,他是个雕塑家,为了能进入由加泰罗尼亚人艾尔弗雷德·菲格拉斯管理的美术学院,他毅然放弃了自己的珠宝商店。艾尔弗雷德是个政治避难者,与毕加索关系密切。让·德·梅松瑟勒以前作画,现在跟米盖尔一样,都在学习建筑。勤奋的加缪曾把自己最初的文学尝试拿给他读,他也倾听了勤奋的加缪向他吐露的关于文学方面的初步尝试。毫无疑问,加缪是杰出的:7 月 5 日,校纪律委员会表彰了他在第三学期的学习态度;在荣誉榜上,他荣获了法语写作一等奖,哲学和历史科目二等奖。

加缪 20 岁了,在这个年纪,男人对女性之美格外敏感。在校门外的酒吧里,在阿尔及尔的 12 座电影院门口——这些影院为总是阳光普照的阿尔及尔提供了几个幽暗的去处，里面放映与巴黎同步上映的影片。总督广场上：一些阿拉伯人在影影绰绰的树荫底下大声吆喝"清凉新鲜"，向人们出售柠檬水；女孩们身着轻薄束腰的裙子，踩着只裹住脚踝的凉鞋到处闲逛。她们晃悠悠的双臂撩起紧随其后的男人们蠢蠢欲动的情欲，他们的目光对那些女孩穷追不舍。她们那摆动的细腰、圆润的香肩、在衬衫底下若隐若现的胸部轮廓更是让他们想入非非。加缪也是这群男人中的一个。这些青年男子很早就对世间的情欲和美貌产生了兴趣，现在只消一眼，他就能看到女性身上的这些美妙。大把描写美景的辞藻也被他堆砌在女人身上，在他笔下，大海会微笑，嘴唇像花一样绽放。是的，他心中对女性的爱与美感本身难舍难分，形体，或是嘴唇的形状就能点燃他的爱火。他生性喜欢征服。他长得帅吗？饱满狭长的脸，宽阔的嘴唇上斜叼着一支香烟，高挺的鼻梁与其姓氏①截然相反，栗绿色的眼睛闪烁着让人吃惊的坦率，高高的发际线让宽阔的前额一览无余，皱眉时额头会显出两条纹路，身高1米79，有运动员一样的身材：这些都是他天生的优势。此外，他还具备当时被称为"优雅"的气质，使得他更加风情万种。应该感谢他那位慷慨的古斯塔夫姨父送的衣服，它们与他本人懒散的气质相得益彰。再者，加缪这个英俊的小伙儿也深谙撩人之技。不仅如此，他身上那种泰然自若的男性魅力让男男女女都为他倾倒，他身上有种使人欢喜的愉悦品性，并且善于用尖锐的讽刺为对话添油加醋。他性格中的自负，从他的西班牙血统来看——借格勒尼耶的话说——是一种卡斯蒂利亚性格的表现。也许加缪恰好符合对阿尔及利亚籍欧洲裔的那段描述："似乎兼具安达卢西亚人、巴斯克人、普罗旺斯人、科西嘉人、

---

① 加缪（Camus）之姓在法语中本意为塌鼻子。——译者注

西西里人、加拉布里亚人的性格：就是阿尔及利亚人。"（纪德《日记》）可这些都难以生动地描述他，要让他鲜活起来，还应该强调他绝佳的柔韧性：当他欢快地在水中畅游，或偶尔重拾踢球的热情，充满活力地在球场上一展英姿之时，这种特点便尽显无遗，尽管他身体虚弱。这才是加缪，完整的加缪。他不大喜欢自己的名字，所以直呼其姓就好。

看着镜子中的自己：年轻有才、风流倜傥，领口戴着斑点花的蓝色领结，身着斜纹西装。谁能相信，这个人曾饱受胸膜炎的折磨，而且这种疾病曾紧紧箍住他的胸腔使他呼吸都成问题？谁会相信，5年前他的外号还是"掠地飞行"和"小短腿"？青年时期他生长迟缓，个头比足球队里的其他队友都小。那时候他的外祖母总是给他买大几号的衣服，好让他在将来长个儿的时候仍可以继续穿。帽檐过宽的帽子、黑色粗皮鞋，使他本来就瘦弱的身材显得更为瘦小。直到15岁他才开始长个子，而且生长速度仍很缓慢。

尽管他绝口不提，但亲近的朋友都知道他从哪里来，知道她的母亲是个当帮佣的寡妇，那辛苦的工作耗费着她的生命。上中学时，马克斯-波尔·富歇曾听到一些"闲言碎语"，并私下又把这些话传了出去。他自己也患有结核病，有一天他和加缪去看电影时，亲眼见到他这位朋友咯出血来。加缪看过托马斯·曼的《魔山》，定期就要去医院接受人工气胸治疗的他认为这种疾病具有某种讽刺的形而上的意义。他觉得发烧会打通人的各种感觉，使人可以更清晰地认识自身。至于他偏好的那种反讽，并不是德·斯戴尔夫人描写的"对不幸的苦涩反讽"，也不是司汤达那种"使热忱的美好窒息而亡"的反讽，而是巴雷斯所谓的"自由的保证"，这是明智之人所用的修辞，不被蒙蔽之人掌握的科学。自从1935年5月起，加缪就开始用其细腻又紧凑的文字在记事本中记录想法，在这本记事本中，他也一再重申自己的道德准则：不可轻视自己内在的意图，不能对自己说谎。"一个明智并喜欢讽刺的人不会讨人喜欢,人们会说'这说明您不善良',但我看不出这两者有什么关联。如果我听到有人对另一个人说'我是个不道德的人',我会将其理解为:'我需要给自己一点道德'。……因为我不喜欢弄虚作假。而要接受自己,包括自己的矛盾,则需要很大的勇气。"几个月后他又加上几句:"'我鄙视智慧'实际上是指'我无法忍受怀疑',我更喜欢睁着眼睛。"这种反讽为情感披上了一层矜持的外衣,后来他在《反与正》中将此描述为一只说着"请您这样生活吧"的"明亮的眼睛"。他掌握了另一种语言——帕塔维特语——的特殊表达,这种语言充满生活情趣、富有感情。为了营造搞笑的气氛,他有时会借用这种语言独有的俚语和腔调:干你娘!你死了这条心吧[①]!朋友之间说会说:"ti'as vu ça?[②]"(你见过这个没?)

[①] 帕塔维特语原文为:Va Fangoule ! Figa te ouéla ! 原文含有辱骂意味。——译者注
[②] 在帕塔维特语中,第二人称单数主语人称代词使用"Ti"有别于法语中的"Tu"。——译者注

"嘿，朋友，这东西你见过没？"当贝尼斯蒂向他展示自己的画作时，多半会这样问他。加缪喜欢造访他的工作室，由于他对又硬又窄的床铺情有独钟，所以也颇为中意这个简陋随性的地方。它就像一间修道院里的单人小屋，屋内的画作和雕像充满灵性、让人激动。梅松瑟勒和米盖尔都曾来当过模特，他俩均是建筑师勒柯布西耶的学生。每到周末，几个人就聚在一起讨论文学，阅读小说的段落，还会在黑暗中一起欣赏留声机里的音乐。有时，加缪愉快又搞笑，有时又忧伤、尖刻甚至冷酷无情。他总是备受瞩目。梅松瑟勒怀着仰慕之情对贝尼斯蒂说："这个男孩不同寻常，在这个年纪就已经看完了所有书。"尽管别人这么说，加缪到哪里总会揣着一本书。除了纪德、普鲁斯特、康拉德、陀思妥耶夫斯基或卡夫卡的作品，他也读新闻报刊。他仿效一直跟踪朗德鲁案的科莱特，以及一直在报纸上收集犯罪故事的纪德，也热衷于阅读新闻并收集剪报。例如1935年1月刊载在报纸上的一桩发生在南斯拉夫的谋杀案:一个旅店的女老板伙同自己女儿为谋财杀死了一名住店旅客,她们母女俩都没能认出此人竟是 20 年前离家出走的亲儿子和亲兄弟。这便是加缪后来于 1942 年至 1943 年间在《误会》里描写的那出"现代悲剧"。

关于他的父亲,他知道些什么?几乎一无所知。但有一则祖母讲述的小故事曾给他的童年留下了深深的阴影。这个故事常在夜里使他恐惧,变成噩梦的场景。有一天,他的父亲吕西安·加缪天还没亮就早早起床,去看农场工人皮雷特被斩首的场面,这个人用锤子杀死了雇主全家。他回来后,脸色苍白,呕吐了几次后就昏睡过去。听了这个充满血腥细节的故事后,幼小的加缪变得惴惴不安,总担心自己也会被处以绞刑。随着时间流逝,这个假设就像消散的噩梦一样逐渐被淡忘。如今,类似的结局对他来说也不再那么难以置信了。是什么决定了命运?意外与无常。是什么加快了宿命的进程?常常是别无选择的绝境,有时候事件本身几乎没有意义。这便可以解释当加缪还住在贝尔古区时,那个理发师的罪行:那个夏日午后,令人窒息的酷热让这个理发师失去了理智,于是他割断了那个正让他刮胡子的阿拉伯人的喉咙。"很多司法部门认为,预谋犯罪比纯粹的暴力更严重。按这个逻辑,该对死刑——这种比任何预谋犯罪(就算是仔细预谋过那种)都要更为深思熟虑的杀人方式——做出怎样的评判呢?从公平考虑,那些事先就告知被害者死期,并从通知之日起囚禁被害者数月之久的'罪犯'自然也应被处以死刑。在私人部门中,这种恶魔并不存在。"(《关于断头台的思考》,1957年)加缪隐约预感到要去写一部表现人生中的偶然和荒谬的作品,因为他清楚,自己必须完成一部作品。对此他没有夸夸其谈,他将其当成一份遗产、一笔债务、一项精工细作。是的,他既站得高也看得远,这种眼界并非是幻想家和登山客的特权。还有另一种人,他们志存高远,清楚要达成目标必须要历经艰难,他就属于这一类。

下课后,这帮年轻人聚在总督广场附近的咖啡厅聊天。他们去海滨浴场游泳、观看足球或拳击比赛、参加各种舞会。他们到处寻欢作乐,也热衷于唇枪舌剑。纵身一跳,便可钻进海里;灵光一闪,又会陷入沉思。他们各自交换手稿,毫无保留地互相批评修改,这体现了真正的友情。"我们蛮横地将幸福变成职业。与此相反,我们需要做的是适当改正我们的贪婪,以便和野蛮的快乐划清界限。"(《岛屿》序言)他们参观墓园,在摩尔之屋逗留,或者,就去看每部3法郎的电影,西部片或恐怖片,缪塞、游艺场、斯泰拉、首饰宫等影院还会放映大众影片。就在这一年,似乎互换了角色的两大影片《泰山》和《金刚》被搬上了大银幕。换片间隙,这几个年轻观众点起香烟,听着音乐,互传着薄荷糖。他们爱好文学、绘画与音乐,但并不曲高和寡。"致死亡与性爱之友",这名字用作酒吧不错,加缪曾这样告诉可可。可可是个侏儒,他在旧城区的三色街上经营着一家叫"底层"的酒馆。那地方俨然是个恐怖戏剧表演场,空气中总弥漫着大麻烟味。吧台后面,身长腿短的可可站在凳子上招揽顾客。这些客人嘴里嚼着橄榄和羽扇豆,目不转睛地打量着台上搔首弄姿的女舞者。码头工人、外籍军团士兵、音乐人、妓女,所有人——也包括加缪——一起唱着一首首淫猥的曲子。他们喝着茴香酒,醉醺醺地围坐在一个断头台下,耳边夹杂着叽里咕噜的西班牙语。一个上了弹簧的阳具突然从一具骷髅身上弹起来,有人立刻将搭在上面半遮半掩的遮羞布扯了下去。在春天的夜晚,待在这样的地方实在有些诡谲。所以他们更喜欢去那家位于旧城区的弗罗芒坦咖啡馆,这家咖啡馆旁边就是有白色圆顶的清真寺。沿着狭窄的小路往上走,当闻到一股鹰嘴豆气味和咖啡香气的时候,就离这座中途停靠站不远了。这儿有个红瓷砖砌筑的喷水池,小孩子们最喜欢在这里喝水解渴,还有个装有一排小柱子的露台,客人可在这里点薄荷茶消暑。屋内有一盏暗淡的乙炔灯照亮着墙壁，墙上画着一棵有五个枝丫的棕榈树，几只被阿拉伯酋长追得落荒而逃的狮子。旧城中无论高低之处，总有小广场回荡着嗡嗡作响的人潮声。而在这里，只有清真寺呼唤教徒做礼拜的宣告或时不时传来的达拉布卡鼓声才会打破宁静。据说这家咖啡店曾接待过画家欧仁·德拉克洛瓦。那是在 1830 年，他随夏尔·德·莫尔奈的使节团出访，用画笔记录下了这次盛大的访问，同时也满足了自己对东方的念想。据说纪德也曾是这些地方的常客。这类传闻让这群年轻的知识分子和艺术爱好者更是对此地趋之若鹜。除了厚重的历史，这里的地理风貌也别具一格，只要稍稍费点劲把椅子搬到高处，要么爬上梯子，从天窗上眺望，低处的海港便一览无余。到了晚上，灯塔发出的光亮不断轮转，红光，绿光，继而是一道白光。

　　加缪和朋友们在城里面闲逛，他们总会走很长的路，边走边低声交谈。他们互用敬语，交流着内心的隐忧和被非洲的热风吹来的未来之梦。每到周末,他们便搭上大客车去郊游。往东,直到邦吉海角;向西,直到雄伟的谢努阿山脚下的古罗马废墟蒂巴扎。布扎雷阿雄踞在可俯瞰阿尔及尔的山丘之上,在这里,整座城市都可尽收眼底。小时候的加缪常去那边的库巴村游荡,然后还有马堤富角,远处是布利达山,如果天气晴朗,从这里还可以远眺卡比利亚群山的山顶。他们沿着种满橄榄树的山脊小路前进,有时会另辟蹊径走一些可以瞥见大海的蜿蜒小路。马翁①农民的后代在这郁郁葱葱的山谷中繁衍生息。一些摄政时期建造的奥斯曼风格的漂亮住宅也藏匿其中,这些住所中冒出一簇簇棕榈树丛。点缀其间的还有乳香黄连木、松树、扁桃树和阿福花。有次散步途中,他们偶然发现了一个位于修道院之前的坟场。后来,由于加缪偏爱这里安静的氛围、橄榄树的绿荫和桉树的气味,他

---

① 巴利阿里群岛的一个市镇。——译者注

们屡屡重返此地。在草木和燕麦丛中有几座以木十字架标示的坟头，几名来自布列塔尼、诺曼底和奥弗涅的传教士安葬于此。静静地，他们端详着这些墓碑，墓中之人曾在峥嵘往昔中久经沉浮。随后，加缪大声地念诵起来："来自遥远异乡之人，坚守信义与良言之士，其枯骨从此与萨赫勒的页岩融为一体。"这一天，他们先是闲聊了一阵，然后便各自陷入了若有所思的沉默。

加缪的沉思往往伴随着讥讽。为了克制自己沉湎于此，他拒绝任何温情流露。一天，路易·贝尼斯蒂成了他戏谑的对象，可当路易突然反驳说："他们也曾经历了不幸啊。"加缪就像被什么东西击中一样，他态度大变，立刻向路易张开了友谊的怀抱。没人知道：他也曾自暴自弃，唾骂过自己。每当感受到痛苦，他就将这种感情隐藏起来，就像司汤达教会他的那样，将它藏匿于最软弱之处。他在一张活页纸上记下："我也许应该学会压抑自己的情感，它太容易泛滥。我曾以为自己完全有能力将它隐藏在讥讽和冷酷之下,然而事实却让人气馁。它太活跃,太顽强,让人难以摆脱,不胜其烦。"在写作中,他一心要削弱这种情感表达。他已经坚信反抗是人性固有的本能。"选择接受或反抗,便是直面人生。"他写了几篇散文,并自问道:在"因严重的倦怠而生……的梦想"之中,人生有何意义?

她名叫西蒙娜·伊埃,金黄的头发,浅色的眼眸。她指尖夹着一根香烟,嘴唇涂得完美无瑕,眉毛画成一道弧线,带有几分电影里那种轻佻女人的气质,跟后来出版的女性杂志《巴黎-阿尔及尔》上面刊登的那些摩登女郎也颇为相像。只要她大咧咧地一笑,脸颊上就堆起来一团肉,看起来就像人们所说的那种可爱的脸蛋。脚上的高跟鞋更是凸显出跳舞练出的修长美腿。她用的是琥珀香水,说话豪放不羁。她就是以这样的形象在加缪面前出现的,那是在富歇家的一个傍晚。那天的气氛恰好让这群年轻人都对她魂不守舍。

当时他们关着窗板,听着巴赫、德彪西或是莫扎特的唱片,她就混迹在这群由让·德·梅松瑟勒和路易两兄弟(路易·米盖尔和路易·贝尼斯蒂)组成的一帮人中,熟悉的人都叫她"S"。这个年轻的女子水性杨花,挥霍无度,风姿撩人。她的母亲是个富有的眼科医生,离婚后又再婚,对她采取放任自流的态度。更让人不解的是,她时不时地会显出一副茫然失神的样子,当她忽然回过神来,就又似乎不再是自己:眼神迷离、精神涣散,甚至动作也变得迟缓起来,每到这个时候她就会抽身离开。富歇是在某个阳台上认识她的,当时他们正在观看法国征服阿尔及利亚百年庆典的阅兵。他比其他几个伙伴先知道,不过他们后来也都猜到了:西蒙娜躲到厕所里给自己注射毒品。她的母亲为了缓解她的痛经,曾给她开了吗啡当作处方。从那以后,西蒙娜就另寻各种渠道找吗啡来满足自己的毒瘾。她的形象跟葛丽泰·嘉宝和玛琳·黛德丽在银幕上塑造的坏女人形象十分吻合。这个身穿透视裙的聪明女人主张兰波所谓的"感官的堕落",常常援引特里斯唐·查拉和安德烈·布勒东的语句。她对后者笔下的娜嘉赞赏有加,这个有着"蕨类植物之眼"的桀骜不驯的女人,使男人为之倾倒。她也很乐于被人视作泽尔达·菲茨杰拉德①身在非洲的表妹。

西蒙娜虽然已经与马克斯-波尔·富歇订婚,但因为富歇常奔走各地,忙于去建立"社会主义青年"支部,她便经常跟加缪混在一起。未通过高中会考的她只好去大学里旁听。她总穿着紧身的裙子,肩上披着条狐狸皮。这个高调的女人张口闭口都是荤段子,打车时总是对司机出手阔绰。她那夸张的高跟鞋所到之处,总会招来男人的回眸,加缪感到被一阵阵嫉妒啃噬。在房间里,他为西蒙娜诵读自己的诗作。两人独处的时候,他们会一起饰演一同读过的书中人物,并在原有的戏剧情节中注入火辣的激情。与所

---

① 《了不起的盖茨比》的作者菲茨杰拉德之妻。——译者注

有人一样，他虽不识乐理，但却演奏着自己的乐章，一首初恋之歌。在这恋曲中充满了如诉的琴声和间奏的铺陈，有时时间仿若停止，有时心潮汹涌澎湃。可是如何面对富歇？加缪将向他解释这一切。他选好了地址：阿尔及利亚试验花园。这座小花园设有一座植物培育中心，是阿尔及尔人钟爱的散步地点。在成排的榕树和悬铃木旁边，生长着成片的异国植物，华盛顿蒲葵、棕榈、椰子树，以及根部隆起的红树。可制成染料和药材的植物气息与油料作物的味道混杂在一起。在一个宽敞露台底下，是一些开满鲜花的花圃和池塘，旁边建有一条装着多利安式廊柱的走廊，这地方看起来实在不像是决斗的理想场所。富歇与加缪一路闲聊着，俩人走过一条又一条小径，一直往海滩的方向走去。

"她不会来见你了……她已经做出了选择。"加缪说。

富歇接受了这个现实，宽宏大量的他宣称："好在那个人是我们这一伙人当中的某位。一位我喜欢和敬佩的对手。"

话虽如此,事实上,两个朋友自此便逐渐疏远了。

古斯塔夫·阿库警告他的外甥:加缪,你是个穷光蛋,而跟你打得火热的这个姑娘则是个富家女。谈恋爱要讲究门当户对,否则到时候便会蒙受羞辱和失望。这女子生活放荡,好吃懒做!看她那顶夸张的帽子和透明的裙子,活脱脱就是个荡妇。反正她一步也别想踏进他家的门。一天晚上,让·梅松瑟勒发现加缪一个人待在房间里,一副悲伤欲绝的样子。"她再也不会回来了",他说,此后再没有吐出一个字。梅松瑟勒摸摸加缪的脑袋以示安慰,并提议出去共进晚餐。在加缪换衣服时,他瞥见壁炉上有一本书,正翻到马拉美的诗歌《显现》一页:

当你金发上闪烁着灿烂的阳光

在傍晚的长街,巧笑着盈盈出现

我相信看到了戴着辉煌冠冕的仙女。

外甥的妥协并没有完全熄灭古斯塔夫的怒火。他要求加缪必须跟那女孩断绝来往,否则就要将他扫地出门。他受不了姨父这种独断专横,于是拒绝了他的要求,并于1933年7月借宿到已经成为会计的哥哥家里。他满心焦虑与苦涩,身无分文,拖着肺结核久病不愈的身体……不知道是不是出于这个原因,或是想要为这个家庭留下点记录,后来他在写信给弗雷曼维尔时曾说道:"我们以为到了20岁时就拥有了某些权利。实际上我越来越觉得我们拥有的只是义务。"在普遍还不懂得深谋远虑的年纪,这种想法实在沉重!在文学史上,加缪的想法与雷蒙·哈第盖不谋而合。

因为没有经济来源,加缪被迫从事一些他不感兴趣的劳务,此时的他要想继续学习就没那么容易了。

这一年的哲学学士课堂上只有十来名学生。学校里的一些人觉得加缪狂妄自大，自命不凡。但他暗中向让·格勒尼耶吐露心声："我是如此疲惫，如此潦倒，仅有这一点自尊心作为救命稻草。"他的热忱被消磨得所剩无几，三餐不继。与西蒙娜的关系也陷入了爱情独有的悲楚之中，加缪感觉疲惫又苦涩。孤独感也融进了一种更为笼统的信念之中，后来他在一封寄给西蒙娜的信中对这种信念有段描述："此外，我们能得到的唯一回复是一种冰冷的沉默，这种沉默唆使我们奋起去反抗上帝，反抗这个世界……"这个没有回音亦无答案的世界一片空无。加缪设定了一个期限，要用4年时间完成一部作品，同时，这也是让自己不断成熟的时间。他认为这是他的疾病给他的一个缓刑期。这个"如此疲惫，如此心痛欲裂"的年轻人，写信给弗雷曼维尔："刚满20岁就觉得自己已经老了……我清楚地知道，我正是因为活得痛苦，才活得充实。我知道升华和悲剧是分不开的，但悲剧却不一定总能得到升华——有时它将我们束缚得太紧,从而阻断了我们的升华之路。"他用一种哲学的口吻说道,不只有结核病会让人窒息,当悲痛蔓延到遮天盖日之时,所有事情都会黯然无光。

这一年的 11 月发生了三件大事。7 日,在加缪生日当天,国家彩票第一次开出了大奖。中奖人是个叫博努尔的男人,让媒体大感意外的是,他并没有显得特别激动。"各位知道,我是个知足常乐的人。我 50 岁了,我的夫人也满了 48 岁。我在塔拉斯孔当了 32 年的理发师,虽然经济不怎么宽裕,但我过得很快乐。"总之,博努尔一直与幸福为邻。龚古尔学院则并不凭运气来评选获奖人,这年的龚古尔文学奖颁给了安德烈·马尔罗的《人类的命运》。与此同时,在德国,在只准许国家社会主义德国工人党参选的国会选举中,纳粹分子赢得了 92.1% 的选票。这场压倒性的胜利使国会不得不将全部权力授予了首相阿道夫·希特勒。虽然,在国会大厦纵火事件之后,希特勒早已独揽大权，并且创立了由约瑟夫·戈培尔掌管的宣传部。这三大事件，其一是发生在个人身上，被人生的智慧所稀释的一场微型剧变；其二是加缪长久钟爱的一本书获得了广泛赏识；其三则是一场即将撼动欧洲并点燃战火的政治地震，它让一些知识分子开始担忧起来。从 1932 年 5 月 27 日起，亨利·巴比塞和罗曼·罗兰就开始在《人道报》上发文倡导举办一场世界范围的反战大会。该会议最终于 8 月底在阿姆斯特丹召开，后来与欧洲反法西斯与反战会议合并。后者由法国共产党和莫斯科共同发起，在巴黎普雷耶音乐厅召开。从那之后，为了集结所有阶层的和平主义者，又被称为"面包与自由"的阿姆斯特丹 - 普雷耶委员会问世了，马尔罗是该组织的成员。在阿尔及尔，加缪也加入了进来。

　　1934 年 6 月 16 日，加缪结婚了，他没有将消息告诉朋友。已经跟侄子重归于好的古斯塔夫夫妇都来参加了婚礼。应他的要求，母亲送了他 12 双白袜。

而西蒙娜的母亲,则送了这对新人一套房子——位于伊德拉公园,阿尔及尔高处的"凉爽小屋"。这是一座漂亮的白色楼房,建在七大奇迹住宅区。加缪将他的妻子唤作"我的小孩""我的小女孩"。跟她的朋友一样,他没有改口,一直对她以"您"相称,这个第二人称复数的称谓是浪漫爱情的表现之一。

他已经取得了哲学和古典文学的证书,学年结束就意味着打工季开始。这一次是文书的工作,警察局聘请加缪负责汽车执照服务。为了省下电车车费,他起得很早,但出门前总会在妻子的枕边留下写着甜言蜜语的纸条:"您怡然沉睡,我不敢惊扰。您如此美丽,我便心满意足。"来到办公室,他开始一整天的例行公务。位于楼顶的办公室让他浑身燥热不安。4个星期之后,他又开始咳嗽了,唇上沾有血迹,结核病复发了,更糟的是病情这次还扩散到了左肺上。8月,他被迫休了病假。病痛将他压得直不起身,但卧病在床的清闲又使他一身轻松。前者剥夺了他的力气,后者却给了他时间。加缪写信告诉格勒尼耶:"长久以来,我一直对自身的生命力全然不知。这也许会使您惊讶,但是,意识到自己具有耐力、精力、意志力并未让我有沾沾自喜之意。除此之外,还有那么多如此美妙的清晨,和如此亲切的朋友们。因此,请勿太过为我担心。虽然我的身体状况不佳,但我渴望痊愈。"加缪之所以对尼采崇拜有加,除了因为他强烈的个性、对幸福的追求、睿智的朴实之外,还因为他热爱苏格拉底之前的古希腊,厌恶一切麻痹精神之事。此外,他还曾不懈地对抗着身体的苦痛。他认为,正是这种"不得已"催生了一种高贵。因为健康的缘故,他不用再去警察局工作,并且免除了兵役,此间他开始写下一系列自传体的文字,其中有四篇题为《贫民区之声》。文中的贫民区就是贝尔古区,这些声音,也就是他家庭发出的声音。这些文字预示了1937年《反与正》的出版。在他年轻的时候,日子就是那样过。加缪随性记下一闪而过的念头,写下一些描述性的文字及一些零散的碎片性的段落。之后，这些文字又被他不断改写，并在后期的写作计划中再次被利用。圣诞节那天，他将《梅露西娜之书》送给了妻子。这是本描写仙女的美妙的故事集。囊中羞涩的作家一向如此：他们将爱情的证明写在作业本上。

托西蒙娜的福，他换了个环境。但是婚姻并没有使他满足于安逸，为了继续大学学业，除了学校提供的那份助学贷款之外，他还得去给小女孩们补课，去给一些商业、邮局或银行的职员教授法语和哲学课程，这些工作让他每个月艰难地赚到300法郎。不过现在，身为女帮佣之子的他已经是女名医家的女婿。他搬出了贝尔古住进了高高在上的伊德拉公园，与格勒尼耶成了邻居。在这个地方，升高的可不仅仅是海拔。加缪前去探望母亲的间隔拉得越来越长。母亲经常出现在儿子年轻时期的文字中。"在她周围飘浮着一种无止境的悲伤"，他在一本未完成的题为《路易·兰雅尔》的小说中写道，"她的矜持与腼腆更是徒增了这种悲伤。他认得她的嗓音，她的情绪会在他心中激起波澜，他清楚地记得她一口气讲完的长篇故事，以及她那长久保持的沉默——久到让人不禁想大叫。"这个母亲是那么不同寻常，虽然她如此瘦小，脸上的微笑如此温柔，但与她相伴竟让他产生了一种陌生的感觉。在她儿子的心里，有一种离愁别绪，一点怅然若失和一种信念。他相信，就像在大海上看到陆地渐远消失一样，他的过去和童年也在悄然远去，但这些过去会成为他作家生涯的灵感之源。他将贫穷视作一种财富。虽然悲苦的人形成了一个封闭的围栏，他们不得不互相依偎，相濡以沫。但匮乏也使人保持感觉上的敏锐，不至于因富足而变得迟钝。1935年5月，加缪开始在笔记本上记录自己的想法。"在问心有愧之时，告白就成了必然。作品便是种告白，我应该去见证。我只有一件事要说，要仔细看。那就是在这贫穷的生活中，或身处这群谦卑或虚荣的人群中，我才能最切实地触摸到生活对我而言的实际意义。艺术之于我并非全部，但至少可以是一种方式。"就像个远航却不相信星辰与风向的舰长,在 21 岁时,他就决定了未来作品的表现方式和写作使命。一如阿尔贝·柯昂,加缪的文学作品是一种债务的借据。在 1935 年起草并在两年后完成的《快乐的死》中,帕特里斯·梅尔索说,这一次,他必须去证明自己对生活的热爱。

现目前,这位毕业于哲学系的文科学士正忙个不停。加缪夫妇晚上常常前往格勒尼耶或拉斐家里做客。拉斐一家是富裕的中产阶级,父子俩都对加缪颇有好感。可惜的是,尽管加缪殷勤又体贴,西蒙娜还是在慢慢沦陷。不管在自家还是在别人家里,她的举止都一样奇怪:她站起身来,从别人眼皮底下消失;等她再次出现在众人面前时,光是眼神就已出卖了自己;她有气无力、沉默寡言、思想和精力都被抽空。加缪只好从嘴边挤出一丝微笑,将她尽快带离,回到自己家。西蒙娜饱受自杀冲动的折磨,常留下些使人担心的字条,然后就消失无踪。只要她摘掉假睫毛,卸掉蓝紫色的浓妆，立刻就成了一个衣冠不整，惘然失措的小女孩，她逐渐脱离了那个活跃的世界。白天，她昏睡不醒，之前就对锅碗瓢盆一窍不通的她现在更是无心理会了。在加缪眼中，她成了一个夜行动物，一个有毒或不幸的女人。他决心要将她从伤痛中拯救出来，直到痊愈。治疗师也在尽力治疗，西蒙娜在诊所待上几个星期，出院，继而又入院，周而复始。夫妻两人也经历了数次分离与重逢，一次次的狂风骤雨，一次次短暂的风平浪静。由于这些原因，加缪曾对参加补习的女学生开玩笑："姑娘们，千万不要结婚啊。"但是在两夫妻之间，始终存在着一种内心的默契，就如共系一条绳索的登山者一样，他们之间有种生死与共的团结。她知道他从什么地方来，他也能猜中她刚路过何处。

在日记中，加缪的记叙在苦涩和悲伤、极度的孤独和对人的热爱之间摇摆。有时是无尽的欢乐，有时是完全的孤独——精神的空虚。在这些零零碎碎的观察描述中,他偶尔也掺杂了一些关于夹竹桃或烘焙咖啡豆的句子。就像善于用笔触表现色彩的风景画家一样,他描绘光线的变化,明暗对比中的柔美,某个黄昏呈现的色调,这种风格不太像水彩画家,倒更倾向于野兽派。而他自身,自从肺部感染之后,肤色变得更苍白了,有时候,他的眼神中会显露出一种狂热、一种焦虑,但这次的焦虑和肺结核全然无关。他感受到的孤独具有流放的形式。西蒙娜去巴利阿里群岛疗养已经有好几个星期,在这期间,偶有几次朋友无意的闲言碎语让他倍感失望。

1935年8月初,年满21岁的加缪准备乘货轮独自前往突尼斯。但因为肾部感染,他在抵达位于卡比利亚的布日伊小港口后不得不折返。他并未就此罢休,转而前往蒂巴扎,那里宏伟的废墟遗迹让他沉醉不已。之后他又在乡间漫游了一阵,并继续下行抵达了马塔莱斯海滩。在那儿,他给格勒尼耶写了一封后来颇为出名的长信,信中他解释了自己加入法国共产党的理由:"我向您坦白,一切都将我引向他们,我决定去亲身体验。我认为要想破除我对共产主义的疑虑,最好就是亲自去体验……我觉得我对共产主义的不解其实是基于一些就算被忽略也无伤大雅的误会。这就解释了为何不能总是将共产主义者和共产主义相提并论。共产主义缺乏宗教意识,我认为这就是长期让我裹足不前,也是桎梏诸多有识之士不愿加入的原因。马克思主义者倡导的那种人与人自给自足的世界只是一种梦想。这就像爱德华·赫里欧的人道主义一样,显得太过于'世俗和义务'。但我们或许可以将社会主义理解为一种艰苦的修行,它可以为更偏向精神层面的活动提供支撑。总之,这是一种意欲避开虚假的理想主义及虚伪的乐观主义的愿望,企图建立一种状态,让处于这种状态的人获得自身的永续感。……所有的教条都可以并且应该发展演变。这一点足以让我诚心地接受一些理念,这些理念将我带回到我的本源,我的伙伴之间,到所有塑造了我的情感的事物中去。……与其说是这些理念,倒不如说是生活将我引向了共产主义……您很清楚我的疑虑和希望,我是如此渴望减轻那些荼毒人类的不幸。"作为一个忠实于出生阶级的人,加缪并非以教条主义者,而是以人道主义者的身份加入到了政治探险中,马克思和恩格斯的作品他只粗略浏览了一遍。他不打算放弃自己的独立判断和思想自由，更不会臣服于某个至高无上的机构。从人出发，而非教条：这一直是，并将永远是他的信条。甚至在3年之后，当他以一篇社论猛烈地抨击苏维埃教条主义时，格勒尼耶仍鼓励他要去体验战斗的激情。数月以来，弗雷曼维尔一直劝他加入共产主义阵营。虽然内心还有所保留，但在综合考虑了所有的意见之后，加缪还是诚心诚意地加入了。他不是个对权威言听计从的人，也不会盲从于任何意识形态。有两大原因驱使他投身于政治：一是去对抗日益嚣张的法西斯祸害——马尔罗曾在一次阿尔及尔召开的大会上让其面目昭然若揭；二是去减轻阿尔及利亚人——不分法国人或阿拉伯人——所蒙受的苦痛。"人迟早要学会在凝视和行动之间做出选择，这叫作'成为一个人'。"（《西绪福斯神话》）为此目的，一个公民决定要投身于政治。

对穆斯林来说，法国征服阿尔及利亚意味着一系列的强取豪夺。法国国家和大型企业将750万公顷的土地占为己有，其中拓荒者取得了87万公顷，主要用来栽种葡萄。虽然1870年的《克雷米厄法令》宣布阿尔及利亚的犹太人可获得法国公民资格，但阿拉伯人却没那么好的待遇，他们被降级成为被统治阶级。1881年，土著管理法规针对穆斯林颁布了一系列违禁条例。例如，未经同意不许集会、不许触犯宵禁令、不可逾期缴税、不可在未取得旅行许可时离开所属辖区、不可言语冒犯公务员（即使该公务员并非处于办公状态）等等。对原住民的处罚除了没收财产，也包括罚款和监禁。如果发生山火，罚款还将从个人连坐到集体，处罚那些部落或帐篷群——在山间聚集形成的游牧村落。

在政治的棋盘上，殖民地人民的命运无人问津。只有共产主义者激烈声讨帝国主义奴役土著人，剥夺他们的公民和政治权利。列宁于1920年拟定了第三国际成员之21项条件，其中第8条规定："如果国内的中产阶级拥有殖民地或压迫其他民族，则该国家政党应制定十分明确的行为准则。所有第三国际成员政党都应义不容辞地揭发帝国主义者在殖民地干的'好事',以实际行动——而不仅仅在口头上支持殖民地的民族解放运动……"对布尔什维克信仰坚信不疑的法国共产党于1927年2月组织召开了一次反帝国主义大会,年轻的梅萨利·哈吉作为北非之星(ENA)的代表在会议上发言。北非之星是法国共产党在一年前建立的穆斯林阵线,其宗旨在于依照共产国际的指令,在非宗教领域将阿尔及利亚移民和法国工人阶级团结到一起进行共同抗争。事实上,在阿尔及尔,"土著"工人是无产阶级中受剥削最深重的群体。他们做同样的工作,得到的薪水却少得可怜:在同一家公共工程企业,欧洲工人可领6法郎时薪,阿拉伯工人却只能得到1.4法郎。梅萨利·哈吉第一次公开主张独立,"受法国统治一个世纪以来,阿尔及利亚人民已经对法帝国主义不抱任何希望,不再相信法国会善心大发去改变民族的命运。"他还对"可憎的土著法令"提出指控,进而对遍布北非的殖民主义进行了谴责。由于"威胁到国家的权威",北非之星在1929年被迫解散。4年之后,该组织得以重组,但这次禁止其成员加入法国共产党。它主张实行土地改革、尊重伊斯兰教、坚持为独立抗争,并跟人民团结委员会关系密切。这个委员会就是人民阵线的前身,由于内部的团结和积极的动员,该组织后来在1936年4月26日和5月3日的国民议会选举中大获成功。但是当时,共产主义在那里并没有多少拥趸,在阿尔及尔只有不到150名党员,其中数十人还在牢里。然而这时的工人国际法国支部声称已拥有千余名成员,火十字团①各支部成员声称已经有几千人。殖民拓荒者和当地管理者难以容忍左派活跃分子,而且大部分的阿尔及利亚民选代表,尤其是三大省的

---

① 法国极右政党,又称"战斗十字团"。——译者注

议员，也与他们沆瀣一气，奉行极端的保守主义。与这些人相反，厄尔-卢瓦尔省的省委员会议长，曾经的阿尔及利亚总督莫里斯·维奥莱，于1935年3月21日在波旁宫大胆地提出了抗议。他质问政府在阿尔及利亚一百周年纪念活动上许诺的用于惠及原住民的3 000万法郎建设经费的去向。这笔款项本已通过票选，但由于地方民选代表的反对而一直搁置。通过设立选举团或扩大公民权利的方式让穆斯林代表进入国会的承诺呢？50年来，这只是个每隔一段时间就会被提上台面的老生常谈的话题。合理补偿那些为法国上过战场的人？他们被禁止随意旅游，禁止重返内地。教育改革？危险，民智的觉醒是叛乱的发酵剂。他描绘的这幅阿尔及利亚的图景充满了苦痛、煎熬和不公——土地被征收、财产被没收、税收上暴敛横征、公务员张扬跋扈。地方当局不尊重伊斯兰教，歧视并排挤土著知识分子和民选代表，让当地人民苦不堪言。"因为当土著民抗议他们遭受的不公时,你们就怒不可遏;当他们鼓掌时,你们觉得他们形迹可疑;当他们沉默时,你们却又开始担忧。"作为发言者,他反复强调要"尊重":"土著民也想做跟别人一样的人。他们愿意尊重欧洲人,同时也希望得到欧洲人的尊重。一切都应归结于这个严重的道德问题。"翌日,这个进步派的参议员继续发表他的主张,他总结说,以文明的名义,在北非施行的政策由于没有得到穆斯林的同意,因此不可再继续下去。不久之后,加缪用同样的措辞陈述了相同的看法。在参议院内部,维奥莱的对手开始了反扑,奥兰总督的表现最为激烈。由于柏林和莫斯科对社团的支持,伊斯兰教的影响力发展迅猛,反法示威活动遍地开花。唯一的解决办法只有封锁各省份,禁止所有形式的宣传造势。在这出配合默契的戏码中,接下来粉墨登场的是阿尔及尔的参议员。他悉数列举了在殖民地实施的改革措施,就像在播报一系列至高的恩赐:社保局的建立、低于法国本土的税金、比伊斯兰法官更优越的法国执法系统。至于在博内、塞蒂夫或特莱姆森的示威中提出的要求，无非是受到了泛伊斯兰主义分子、社会主义分子和希特勒支持者的挑拨。所以，按照本来就身为《阿尔及尔回声报》老板的参议员雅克·杜鲁的想法，现在理所当然应该增加警力，采取严厉措施管控媒体。加缪后来以记者身份参与了1938年10月的参议员选举，目睹这个身为实业家的激进派社会党人落选并退出政治舞台，他感到甚为欣喜，因为"人们尚未衡量他对我国的命运造成的恶劣影响"。

加缪和他的姨父古斯塔夫·阿库一样，为600万"土著"和欧洲人之间的不平等而深感愤怒。在阿尔及尔，共产党形成了招募新成员的网络，其目的是在多如牛毛的文化协会、教育中心和社区分部吸引活跃分子、高层管理人员和知识分子精英人士，而这些组织本来又有着错综复杂的分支。实际上，这些小分支都是由相同的一些活跃分子组建的。他们清楚,在这个种族复杂,各自间又生有隙罅的城市里,有所作为并不容易。阿尔及尔离人民阵线大游行还有相当一段距离,它受制于一个越来越趋于极端的右派,这个右派比法国本土的右派还要执着于保全其既得利益。几家专门宣扬反动意识形态的报纸,如《阿尔及利亚快报》《拓荒者之声》《自由报》也呈现出了这种趋势。自1934年起,《自由报》不间断地以整版报道火十字团运动的消息。在阿尔及尔,街头事件日渐增多,一方是左派支持者、和平主义者、反法西斯人士,另一方是声称属于火十字团旗下分支组织"国家志愿者",或隶属于由皮埃尔·泰亭哲所创的"爱国青年团"的一些极端分子。对峙偶尔会上升为暴力冲突,更普遍的是,警察出面逮捕极左派人士。他们也负责监视贝尔古工人街区,并敦促一些公务员去参加集会,以便撰写报告给警察总局和省级安全局交差,加缪后来也被列入了受监视名单。在一次阿姆斯特丹-普雷耶委员会的聚会上,他结识了一名曾在斯奇亚菲诺海运公司任职的共产党干部。加缪和彭塞握手致意,简短地相互介绍。"我很了解贝尔古的那些家伙,"在那个被用作开会的酒馆地下室,加缪说道,"说到打贝洛特牌、玩球或喝茴香酒,他们个个都是好手。可对于政治嘛,那就是另一码事儿了。"这个打着蝴蝶结,讲话文绉绉的巴黎人有何高见?夏尔·彭塞对此深表怀疑。他的蔑视态度倒也证明了一件事:就算是那些在阿尔及利亚或法国本土认识加缪已久的人也常常对他感到迷惑不解——只有通过阅读那些源于他自身经历的文字才能真正了解这个人,此人虽然在思想的辩论中常常滔滔不绝,对于自己却只字不提,更别说向人敞开心扉了。

加缪轻松地游走在各个圈子,身为知识分子的他跟任何人都谈得来。加缪并不属于那种去张贴传单或沿街叫卖《社会斗争》和《工人阶级的阿尔及利亚》的人。他不是街头斗士,更善于做幕后支持或是上台演讲一类的工作。阿玛尔·乌兹加纳是阿尔及尔共产党的书记,也是北非之星的成员,他很快便发现这个年轻人真心忧虑着阿拉伯人的生活和工作条件,这在阿尔及利亚的欧洲人当中可算得上稀有物种。所以党内派他去募集工人并联系穆斯林知识分子。当时法国共产党内部达成一个共识:为了建立一个独立自主的阿尔及利亚分部,必须要组建干部团体。但就当时的情况,即使阿拉伯人和柏柏尔人占到了阿尔及利亚总人口的90%,加入法国共产党的人数仍少得可怜。对手方面,极右党派也打算效仿佛朗哥在摩洛哥的做法,吸引年轻的土著入党,他们不惜为此挑起反犹情绪。1934年起,肆虐的农村危机加剧了贫穷,极右党派利用由此引发的沮丧情绪来指控人民阵线,宣扬其政策是"有害"的。对那些拥有土地的当地农民,他们打出了一系列改革的承诺,其中包括设立代表穆斯林群体的特设选举团。"面包、住房、学校",多利奥为首的法国人民党喊出这样的口号,他们还声称:"伊斯兰与我们同在。"

怀着必要的警惕,加缪和宗教领袖们来往甚密,这些乌理玛①们自1931年以来组成了协会。他们的会议在"进步社"举行。以组织领袖,改革派的谢赫②伊本·巴迪斯为核心,聚集了支持人民阵线的诗人、历史学家、记者。弗雷曼维尔也接受了一个类似的委任,去领导一个新的法兰西-穆斯林联盟,以期拉近阿尔及尔各族人民之间的关系,在这事上他也得到了温和的穆斯林领袖谢赫埃勒·奥克比的支持。他还与梅萨利·哈吉领导的北非之星以及塞蒂夫的药剂师费尔哈特·阿巴斯建立了往来,后者经常在君士坦丁选民代表联合会的机关报《法兰西-穆斯林共识》上发表文章宣讲政治。在取得了一份

---

① 即穆斯林国家有名望的神学家和教法学家的统称。——译者注
② Cheikh,为阿拉伯语中的一个常见尊称,意指部落长老、伊斯兰教教长、族长等。——译者注

成年之后即可领用的遗产后，弗雷曼维尔得以自费印发共产主义报纸、民族主义的传单和提议让土著代表进入国会的宣传册。

加缪没费多大力气就说服了他的朋友加入索利埃高地的共产党分部。除路易·米盖尔和安德烈·贝拉米克之外，还有两位女生——玛格丽特·朵布伦和让娜·西卡尔，她们来自奥兰，在阿尔及尔大学攻读文学和史学。两人均开放又聪明，互相欣赏又形影不离。玛格丽特戴着一副大眼镜，性格温柔，让娜是个犀利的女生，学识丰富，热爱批评。她的父亲是巴斯吐思烟草公司的大老板，跟法兰西行动派①走得很近，也就是说，她加入法国共产党就意味着与家庭决裂。让娜和玛格丽特成了加缪最好的女性朋友，对他而言，这是一种不掺杂男女之情的纯洁友情。与此同时，他在阿尔及尔的一些地下室

---

① 法兰西行动派（Action française），是法国传统的极右派，主张君主制，建于1898年。

里跟工人朋友也建立起了兄弟般的情谊。这两件事的秘诀无非都是：大方待客，广交朋友。加缪梦想买下一块田地，并将其打造成一个法伦斯泰尔①社区。他的写作计划也正在成型。1936年1月，他在本子上记下了这个关键性的直觉："如果一个人想成为哲学家，或者小说家，那么他只能凭借影像去思考。"

他的性格变得温和了些。作为受邀参加晚宴的常客，他也开始跟人以"你"相称。拥有组织者的气质并未让他觉得困扰。从上小学开始，他就发现了字词中蕴藏的号召力，首先是老师用来吸引全班注意力的那些词，然后是他自己创造的词汇。他曾听说某个叫德摩斯梯尼的古代演说家曾口含石子练习发音，矫正口吃。这则故事让他如痴如醉，以至于独自跑到海滩上去仿效他练习大声诵读诗句。在奥梅拉小学的时候，

---

① 法国空想社会主义者夏尔·傅立叶提出的社会基层组织"法郎吉"中的建筑物名称，此处用以指代一种乌托邦式的生活。
　　——译者注

同学们就特别喜欢听他讲故事。曾有一天，他们围坐在他周围听他解释在凡尔纳的《神秘岛》里，故事的主角如何借助毕达哥拉斯定理测得了悬崖的高度。如今，他打算抛开科学的帮助，徒手去攀登一座高山。因为在没有实训和赞助的情况下，在阿尔及尔成立一个剧团的做法实在太过冒险。他得到了党员们的支持，阿尔及尔的共产党领导着各种各样的社团：电影－劳动社、医疗－劳动社、无产阶级世界语支持者社团、新知团、《公社》杂志之友、苏联之友等等。阿尔及尔虽然拥有众多影院，却是个剧场的荒漠。加缪从未看过任何表演。尽管阿尔及尔广播电台一年前已经开始戏剧广播，但加缪却从未听过。他研究过雅克·科波的理论著作，也读过老鸽舍剧院的历史，从而打下了扎实的理论功底。他们将打造一个属于所有人的人民剧团，法国人和阿拉伯人、读书人和文盲均一视同仁。剧团收入将捐给慈善机构。但在登台演绎多种多样的人生之前，还需要在幕后增强自己的阅历，在更衣室里褪去所有的虚荣。一些大学生、工人、球场上的伙伴都伸出了友谊的援手。"劳动剧团"有个匿名的原则，在节目表中不出现任何名字，剧团中也不存在什么明星，每个人从主角到配角轮番饰演，同时也必须协助布景师和道具人员。对于加缪而言，就如他曾经有次在布扎雷阿的小路上向富歇说过的那样，剧团从来不是个人宣传的工具，它的作用是唤起政治觉醒，普及文化素养，它可以让大众真切地感受到美，同时也可以实现人与人的共鸣。总而言之，对于政治舞台上的斗士来说，剧场就是战场的延伸，同时，也让他感到一种久违的团队归属感——身处一个团队中的戮力同心之感，这正是足球运动在竞技角逐之外一直让加缪痴迷的一点。他决定改编的第一部戏剧是马尔罗在几个月前发表的《轻蔑的时代》。马尔罗是他的楷模，他毫不掩饰对此人的仰慕之情，这种仰慕一直未曾改变。加缪曾就这次剧场版的改编征求了他的同意。在电报中，马尔罗的回答只有一个字："演。"这难道不就像中世纪骑士的授命仪式一样？剧团投身到这个艰巨的任务之中：三个月的准备，两个月的排练。排练由加缪执导，虽然他只是个初涉剧坛的愣头青。布景由路易·米盖尔负责，采用了天然黄麻帆布和大网眼罗纱。伊夫·布儒瓦是反法西斯知识分子戒备委员会的主推者之一，获得教师资格证后刚开始在比若中学教书。他同安德烈·贝拉米克和列宁遗孀的饰演者玛格丽特·朵布伦一样，在剧院中献出了他的戏剧处女秀。

1936年1月25日是个值得铭记的日子，那是个甜美的冬夜，一个气氛狂热的夜晚。人们聚集在一起，翘首以盼，消息一见报就口口相传不胫而走。现在来了多少人？多少是城里人，又有多少人来自郊区？也许有1000人。他们挤在一个长40米宽15米的大厅里，有的人紧紧抓住面向大海的外墙上的窗户，就算不慎从窗户上掉下去也不要紧，两米之下就是沙滩。平日里一般是烟草工厂的西班牙女工或是打情骂俏的年轻人光顾的帕多瓦尼大浴室，今天不再是高架舞厅，而是"劳动剧团"首演的场地。加缪在帷幕后面通过扬声器报幕,声音洪亮。幕布随即拉开……当它再次落下时,喝彩声经久不息。当演到反法西斯会议上呼吁纳粹释放恩斯特·台尔曼那场戏时,所有观众——大学生、工人、教授全部齐声合唱起《国际歌》。剧场之外,大海咏唱着它那永恒的歌谣。

这是家书店吗?一条两边摆满书的走廊,展开双臂就可以碰到墙面。不过反正只要有翻书的手和看书的眼睛就好,其他的都无所谓。放在中间的那张桌子将这个房间隔成几条狭窄的通道,在这些通道中人们总能碰到熟人。烟灰缸零零散散到处都是,一台电风扇搅动着热风,最深处有一条通往阁楼的楼梯。在这楼梯的最底下几个梯级上总坐着个客人,此人有时叫富歇或弗雷曼维尔,有时叫贝拉米克或加缪。那个叫加缪的年轻人从海滩回来后经常在此逗留,手里握着湿泳裤,手臂上搭着条毛巾。此外,还有那个也爱经常坐在这里的店主,他刚刚20岁,名叫埃德蒙·夏尔洛,待人和蔼可亲。他用纪沃诺的一本书名将书店命名为"真正的财富"。这家店规模很小,但它就像一座收容所,一个安乐窝一样不可或缺。尽管目前在阿尔及尔也有一些专营学校教材的书店,但缺少这样一个汇聚艺术家和知识分子的场所。这是一个十字路口,新思潮和刚出炉的新作在这里交融。瞧,它甚至还充当着画廊和图书馆的角色。

有些人的一生就像书的目录一样精彩。社会活动者、学生党、作家、导演,加缪不知疲倦地投入到各项事业中,他似乎将其生活和朋友圈分成了各自独立的章节。《轻蔑的时代》的成功令他大受鼓舞,于是他开始酝酿一个新点子:将阿斯图里亚斯[①]的矿工和工人起义搬上舞台。1934年10月,一些当地城市与村庄

---

① 西班牙内战爆发前的1934年,以矿工为主举行了武装起义,控制了奥维耶多等大片地区。西班牙内战爆发后,工人武装组织与佛朗哥指挥的军队进行了一年多的斗争,此地区现为西班牙的一个单省自治区。

在"无产阶级兄弟大团结"的旗帜下奋起抗争,并希望得到西班牙其他地区的响应,一起抗议极右分子进入政府内阁。可惜的是,时任参谋长的佛朗哥号令西班牙外籍兵团增援,洛佩斯·德·奥乔亚将军的部队在增援行动中杀红了眼,在光天化日之下大开杀戒。这是一场腥风血雨,一个乌托邦就此结束。剧本的写作在让娜和玛格丽特家里进行,这座叫做"翡虚院"的房子位于高处,来访者必须穿过一条隐匿在橄榄树林荫下的古罗马通道才能到达。一路上必须不断攀登,在太阳底下忍受炙烤出汗,这条陡峭的线路就像是一场征战。一旦登顶,放眼望去,周边群山便可尽收眼底。朝下俯瞰,海湾带着它那美妙的曲线是如此婀娜,看上去就像是个黄蓝两色交融的微缩景观。除了少数几场戏之外,加缪包揽了《阿斯图里亚斯的武装起义》的大部分剧本。剧团花了几个星期在贝尔古某处不间断地排练这部复调四幕戏剧。首演安排在1936年4月2日,演出收入将捐献给"欧裔和原住民不幸童年"机构。3月30日,一场闹剧。虽然演出得到了省政府的许可,但阿尔及尔市长,公开声明支持佛朗哥的极右派分子奥古斯汀·洛奇斯拒绝将早已预定的"演练"大厅交给剧组使用。这个政府官员用来粉饰其禁令的托词让其政治目的欲盖弥彰。剧团不可能及时找到另一个合适大小的演出场地,因为那些布景,比如那些代表奥维耶多街道的活动门窗完全是根据舞台大小定制的。罢了,埃德蒙·夏尔洛的书店后来印发了该剧剧本,出版的剧本一共几百册,上面没有注明作者名字,被一抢而空。作为补偿,加缪转而开始在斯泰拉电影院对着一百来名听众发表演讲。他强调人民阵线的重要性,因为纳粹德国、墨索里尼领导的在埃塞俄比亚发起殖民战争的意大利法西斯、要挟着中国的日本民族主义者正对世界和平造成威胁。他认为法西斯主义可以说是资本主义体系的自然产物,而后者需要独裁和国家军事化,以便阻止那些深陷于体制的苦海中想要奋起反抗的人民。在大厅中,有两名警察也竖着耳朵听着。在这种情况下，在记录话语方面，没有人比这些积极的条子更适合担任书记员了。

1936年5月，加缪在笔记本上记下："知识分子？是的。而且永远不要否认。知识分子：就是那些一分为二之人。我喜欢这样。我很高兴成为这两者。"他认为自己是：具有双重性和多样性的人，其两极化表现为行动和思考，探险中的集体活动和写作者的个人孤独，渡桥者和以身作桥之人的身份兼而有之。他曾经以另一种形式体验过这种分裂感。那是在他刚升六年级时，由于每天都得在学校待12个小时，他就像被连根拔起的草一样，被迫离开熟悉的街区。晚上回家时面对的已是关门闭户的公寓。一言不发，也无从倾诉。只有有轨电车联系着这两个互相隔绝的世界：一边是求知的渴望，一边是家庭的沉默；一边是想要活出一个正常青春的心愿，一边是最贫穷之人特有的那种绝望过后的逆来顺受。在《第一个人》中我们读到："他那种复杂的个人特质已经形成，这种特质让他在众多事情中大受裨益，让他可以逢场作戏，游刃有余地应付各种环境，扮演不同的角色。"因此当他在结业论文中通过两个北非人物——普罗提诺和圣奥古斯丁来建立古希腊文化和天主教的关系时，也就不会让人感到惊讶了。前者著有《九章集》，他于公元246年在罗马皇帝——阿拉伯人菲利普的统治下建立了罗马的新柏拉图学派；另一位的父亲是罗马人，母亲是柏柏尔人，他是希波的主教，拉丁教会的四大教父之一，该教会的思想系统在中世纪的影响力颇大。前者断言，从智慧上讲，"幸福存在于生活中"。身处这感性的世界，唯有智慧可给人以真正的愉悦。人应该尽力向善，直至与善念合为一体。后者，主张柏拉图主义与天主教的结合。他认为由于人性中缺乏理性，只有求助于上帝才能让我们在对真理的探寻中得以沉思现实。普罗提诺最终死于肺结核，临终前侍寝的最后一名门徒是欧斯托克乌斯。在青年时代，奥古斯丁曾因为喜欢犯禁的感觉而去偷梨，在他17岁那年又在以感官之乐出名的迦太基暂住，初尝到爱情和戏剧的美妙。后来，在皈依宗教之后，他将原罪与肉欲的贪念紧密联系在一起，宣判性行为有罪。除了最后这一点，加缪自己——虽然是无神论者，怎能不在他俩身上看到自己的影子呢？

1936年夏天，布拉格。贫困潦倒的加缪在这座城市的街头无所事事地游荡。他内心颓靡，精神不振，没有欢乐，找不到一个说话的人。这是一段忧心忡忡疲惫不堪的沉重岁月。晚上，他不得安眠，游荡于街中，他无法跟这个世界建立任何联系，反而更加沉沦于孤独。他在一家小酒窖用餐，这里弥漫着一股让人恶心的醋腌黄瓜的气味。巴洛克式的教堂、主教座堂、宫殿、博物馆，都不能缓解他的苦闷。到处闲逛，也不能减轻一丝他的悲伤，这悲伤就像温床一样，培育出一片汹涌的伤感。没有什么可将这悲伤从他身上遣走，即使是本可舒缓情绪的眼泪也无济于事。"我曾梦想独自去一个陌生的城市，孑然一身了无牵挂。在那里可以卑微又贫苦地过活。最重要的是，我将保守秘密。"在阿尔及尔时，《岛屿》中的这句话曾在某些夜里反复在他脑中回响。这句话曾让他陶醉。现在他醒了，只感觉恶心想吐。这一次去中欧长途旅行是由身为英文教师的朋友伊夫·布儒瓦策划的，加上西蒙娜，他们一行总共三人。若不算去年在巴利阿里群岛待的那几天，这算得上是他第一次度假，但这趟旅行突然变成了噩梦一场。这是个糟糕透顶的夏天，西班牙爆发了内战，要知道由于母亲的身世渊源和个性中那种集活力与绝望、克制与纵情于一身的特质，加缪对西班牙始终有种亲切感。另外，西蒙娜背叛了他。为了骗取一点吗啡，她常常在候诊室跟那些医生打情骂俏，后来与其中一个发生了婚外情。这个情夫和吗啡供应者往萨尔茨堡给她寄了一封留局自取的信。不巧的是，一路的舟车劳顿导致加缪结核病复发，无法继续划皮划艇跟随团队旅行。离队单行的他成了最先抵达这座奥地利城市的人,他读到了那封信。这些人真让他作呕。西蒙娜,他那"戴着辉煌冠冕的仙女",他那迷失又癫狂的妻子,已完全被黑暗吞噬,他已经无力挽回。人应学会放手,跟幻象作个了结。在开往建筑师帕拉第奥的故乡——维琴察的列车上,有一些事情在他心中变得明朗起来。或许是因为车窗外的风景——那些看起来越来越熟悉的画面:红瓦白墙的房子、柏树、橄榄树、无花果树、晾衣绳上的衣服。在布拉格的时候,一切都被框定,没有景深之差。只有秩序,人们连领口都务必要扣得严丝合缝,四壁憋得人透不过气来。他饱受恶心反胃和发烧的煎熬。而此地的人们衣着轻松随意,懂得不修边幅的幸福。他在旅馆的房间正对着田野,这里太阳色彩鲜明,蝉鸣声此起彼伏。面对如此辽阔的田园风光,痛苦又算什么呢?1928年的时候,路易·阿拉贡跟南希·库纳德曾同游意大利,途中他发现她跟一个爵士乐手有一腿,这个打击让他曾萌生了轻生的念头。而加缪呢,他已准备好在新的幸福中重生。漫步在波河平原,他重获了力量。"是的,这种无泪的充实感,这种充满我全身的褪去快乐的平和,所有这一切都是由一种非常明确的、不再回到我身上的意识形成的:这是一种放弃和冷漠的意识。如同那个知道自己行将就木的人,他不再关心他的女人的命运,除非在小说里。他理解了人类生来自私的使命,就是说,绝望的使命。"(《灵魂中的死亡》《反与正》,1937年)

加缪的重生让人回忆起,36岁时变得沉默寡言的歌德也因为出走意大利而得到了救赎。在魏玛灰色的天空下,这位身为大臣的作家幻想着另外的东西:一个"柠檬树花朵绽放,金色的橘子在繁茂的枝叶中发光"的地方所独有的光亮、情欲和美景。他见识到了这一切。在罗马,他过着简单又热情的生活,与自己和平共处。这就是加缪选择的路。他忠实于自己的习惯,振作起来,似乎地中海的一缕阳光就可让他重获新生。事实上,在他体内蛰伏着一个沉睡的斯芬克斯。"但是,那个时候总会到来,我又渴了"①,他以这句话作为《反与正》的倒数第二篇《生之爱》一文的结尾。倍受打击之后的他终于重振旗鼓,回到了国内。那一年,流行约瑟芬·贝克的《阿尔及尔之夜》,歌曲中,她柔美的声线饱含温度,让加缪听得入迷:

噢,温柔的阿尔及尔之夜

当和风轻扬

伴以橘子树的香味

轻拂我的梦乡

我希望太阳

永远别再升起

因为爱的时光

---

① 郭宏安译本《反与正·婚礼集·夏天集》。——译者注

总是如此短暂。

在我内心深处

一股力量将我吸引

一切皆诉说着幸福

每颗星辰都面露微笑……

加缪的论文《基督教形而上学与新柏拉图主义：普罗提诺和圣奥古斯丁》被评为"优秀"，他自己却认为刚够及格。如今他学业有成，但婚姻破裂，失去了伴侣，也失去了居所。再一次地，他只能投靠长兄，寄宿于朋友家里，或到处寻找可拎包入住的房屋暂时凑合。贝尼斯蒂在西班牙时曾在委拉斯开兹之家暂住，他从马德里回来后，加缪常去他那里吃晚饭。这位艺术家现已搬到了米什莱区，离古斯塔夫·阿库的家仅有几步之遥。他家是一套三居室，带有一个顶楼露台。从那上面可以远远瞥见大海和越来越远的三角船帆。在这里，朋友们揭开罩在半身雕像上的湿布，三五成群地谈论计划，如劳动剧团的演出等。加缪开始构思一部主角名叫梅尔索（Mersault）的小说。梅尔（Mer）-索（So）：这两个音节难道不正如那些细心的专家所发现的那样，是他生命中的两大基点——大海（Mer）和太阳（Soleil）？正是它们，让他的青年时代，让他那些快乐的时光终于得以从地心引力般牢固的枷锁中稍稍挣脱。后来他在梅尔索中加进了一个字母"u"，将其变成了"默尔索"（Meursault）——《局外人》里那个杀人犯，这个名字听起来更温和一些。

依旧是作为权宜之计，也因为无从选择，加缪不得不从事一些行政工作并继续当私人教师。这次他还义务在"劳动学校"授课，这地方可以理解为是一种群众性的大学。他的学生是一些公会派来的海军、工人。他教这些人读写、算术或帮他们补充一些文化常识，比如向他们通俗地解释弗洛伊德学说。每次，他都得找一个破烂的场地或荒废的地下室用作教室。剧团的活动也一样，有时找个库房，有时，创立于1936年的文化之家会提供一间房间。他的热情有一种感染力，他的朋友们，夏尔·彭塞、玛格丽特和让娜，就连一些更为严肃的大学教员，如雅克·厄尔贡或阿尔及尔美术博物馆的馆长让·阿拉扎德，也无法抗拒他的请求，个个都抱着试一试的态度投入到戏剧艺术之中，这些人付出几个星期的努力，只为了那个最终只演出两场的戏剧。在《轻蔑的时代》之后，剧团又先后演出了高尔基的《在底层》，埃斯库罗斯的《被束缚的普罗米修斯》，本·琼森的《沉默的女人》，以及库特林的《第330条款》，在此剧的最后一场戏中，加缪还大胆展示了他的屁股。这场戏的剧本源于一名房客的诉讼案件。他的公寓位于二楼。在1900年的巴黎世博会期间，为了连接战神广场和荣军院而修建起的一条架高的人行道，刚好经过他家窗口。这样一来，他在家里就有可能向人行道上的路人裸露屁股。于是，他遭到起诉，罪名之一是侵犯了他人的私生活，二是有伤风化。库特林想用这场闹剧来说明，几乎没什么东西可以将人前的美名与背后的丑陋完全隔开。

有时，西蒙娜也出现在演出现场，这对尚未离婚的夫妻对视一眼，仅此而已。

他如何做到同时有条不紊地完成这么多活动的呢？毕竟，在1930年前后，政治的动荡，文化的骚动，再加上年轻气盛和结核病缠身，一切都逼得加缪不得不加快生活节奏，一人分饰多角。弗雷曼维尔看到他如此操劳，对他的健康非常担心，总是责怪他不注意身体。彭塞则施展了外交手腕，他以一位医生朋友的意见为由，建议加缪去接受几个月的静养，甚至承诺会想办法在法国找一个落脚点。在一次乘小船游览阿尔及尔海湾的途中，加缪和善地听他讲完了这个建议，然后回答说："我知道这或许是个明智的方案，但你也知道，我在疗养院那种封闭的环境根本待不下去，而且我会很想念各位。"在一次自杀未遂之后，高尔基跟嵌在他肺部的那颗子弹一起度过了40年。一直接受人工气胸治疗的加缪也学会了一点——不能置结核病于不顾，但也必须加速地前进，除非到了万不得已必须停下来的地步。虽然拒绝节省力气，这个不知疲倦的人还是懂得给自己保留一些愉悦的空间。他搭公车来到西迪-费卢绪海滩，1830年6月14日黎明时分，第一批法国小艇这是从这儿登上了非洲的海岸。这个海滩也是后来《局外人》里面那个荒诞的杀人案现场。有时，他在这里露营几天，忘情地冥思。他可以一边欣赏海湾的美景，一边享受海水拍打在自己健壮的臂膀上的感觉。

加缪被任命为阿尔及尔文化之家的总秘书。这是一个将人民阵线和共产党的积极活动人士和支持者集聚起来的机构。1937年2月8日，加缪以一场题为《原住民文化：新的地中海文化》的演讲为该机构揭幕。文学演说？不尽然，其中也有政治成分。在讲坛上，他提出了没有一种文化可以凌驾于另一种文化之上的主张；希望地中海沿岸的国家可以形成一个统一的祖国，一个生活和价值的共同体；认为在这里有希望产生一种有别于苏联模式的集体主义。他认为"北非是东西方共存的几个地方之一。正是得益于这种交融,阿尔及尔码头上的西班牙人或意大利人的生活方式与周围其他阿拉伯人也没什么不同。"加缪总结说:"在我们生活的这个充满暴力与死亡的世界,希望无处容身,但也许文明,真正的文明,还有栖身之所。这种文明让真理超越谎言,让生活超越梦想。这种文明不需要什么希望。在这种文明中,人们靠真理而活。"只不过,当时的世界仅仅需要善意之人。在巴黎,莱昂·布鲁姆深陷于反犹活动的暴力之中,同时还必须招架右派媒体和企业老板的疯狂怒火。在阿尔及尔,由于农村危机形势和失业率大增,政治气候愈加僵化。支持人民阵线的游行和罢工没有取得任何结果。更糟的是,越来越多的政令限制让马提尼翁协议中明确的劳动法律不再适用于穆斯林群体。迫于各方压力,人民阵线取缔了北非之星。对于在1936年的春季选举中取得胜利,并对新生之日抱有巨大希望的北非之星,这一记闷棍无疑是一种背叛。3个月之后的3月11日，这个政治团体重新以"阿尔及利亚人民党"之名重组。该党派由梅萨利·哈吉创立，他坚持着实现阿尔及利亚独立的梦想。"不要同化，不要分裂，只要自由。"他宣布，"对于生活在我们国土上的其他族群，我党会伸出友善的双手，而不在乎他们的种族和宗教信仰。阿尔及利亚民族就是生活在阿尔及利亚土地上的所有居民。"

在文化之家，玛格丽特与罗贝尔·雅索——加缪在文科预科班时的老同学——一起负责会议办公室，让娜负责表演事务，展览方面则由贝尼斯蒂负责。从巴黎赶来的各位嘉宾所作的演讲，无论是作家还是科学家，就连诺贝尔奖得主居里夫人所作的关于原子学理论的演讲，以及政治活动家参与的座谈会，吸引的听众都寥寥无几。加缪会在阿尔及尔广播电台自己主持的一档文学栏目中提前公布这些活动日程。

23岁的加缪声音洪亮、口齿清晰、才华横溢、态度直爽。人们会觉得他比实际年龄更大，见过他的人都会惊讶于他的少年老成。无论是扮演小丑，用帕塔维特语讲一段奇闻逸事，还是描述一出街头巷闻的简短喜剧，他都不在话下。他在哪里都很自在，有种近乎冷漠的沉着，即使身处各种怀疑和压力之下他也总能从容应对。他难道不就是当时正写着的《快乐的死》里面那个梅尔索的原型吗？"我想到那些曾经吻过的嘴唇，想到曾经还是穷孩子的那个我，想到有时让我无法自制的那些生命中的疯狂和野心。我确信有些时候你们不再认识我。走向不幸的极端，又沉湎于过度的幸福之中的人，我不知该怎么说。"在他身上，感官的野性与严苛的自律，率真的愉悦和暧昧难言的痛苦彼此交杂，但他却总是不露声色。他严于律己，宽以待人。他喜爱表演和分饰两角，但从不会两面三刀。这段时期和他交好的朋友在叙述与他共处时光之时，都无不谈及他一个与众不同的特点，一个让人记忆犹新的特质：性格刚烈，但又有别于那些对他人意见置若罔闻的夸夸其谈者,加缪懂得倾听,而且会以一种真诚的好奇心让对话继续下去。他目光坚毅,静默中透着厚重,他的语言充满热情,握手的拳头坚实有力。在精神和物质上,他都毫不吝啬,以至于难以为自己省下任何金钱和精力,这也更能让人看出他有多么在乎朋友之间持久的友情。事实上,很少有作家能像他一样一直坚持自己在作品中揭示的真理,更别说是在这么年轻的时候。年轻人特有的厚颜无耻、漫无节制?也许在对待女性上是有那么点。在他身上,兼有热情洋溢的南方人性格和知书达理的知识分子气质。一个人可以是既温柔又自由的,就像在夏天跳入水中随心所欲地畅游一样,肆意放飞心中对漂亮女孩的欲望。爱情,他已经不再相信,也不再掖藏。虽然他充满魅力,但并不满口花言巧语。姑娘们知道他患有疾病,但在这个集热情与冷漠于一身,总能一言中的的年轻人面前,总也按捺不住心中的悸动。他不会在没用的对话上白费表情,词汇对他来说似乎具有全新的意义。这种感觉自有几分迷人。

贝尼斯蒂送来了几座雕塑，米盖尔设计了一种灰黑色调的布景，一个带有扶手的走廊，棚架上的常青藤饰物让整个走廊显得更加高雅。是的，整个劳动剧团为了准备普希金一百周年诞辰的纪念活动，正在加班加点地赶工。大学教授厄尔贡做完报告之后，就轮到加缪登台了。为出演《石客》里面的唐璜，他穿上了戏服：马裤、黑色长袜、镶有花边的襟饰。这个人物让他着迷，他在之后写成的《西绪福斯神话》中将其称为"荒谬之人"的代表之一。与此人一样，加缪自己也过着一种超级丰富的人生，怀着"活出更广阔天地"的愿望，他挑战过死亡，不断追求着美，不懈对抗着既有秩序，并且……征服了众多女性。在回忆往昔时，格勒尼耶也认同了这一点。

有一天，加缪曾向贝尼斯蒂坦言：

我不是天使，不超凡脱俗……所以，当一个女孩将我拉近她的胸口，想要肌肤之亲时，我怎可能抗拒呢？

从未迟疑过？

不！没有，绝对没有！既然已经作了决定，当然是毫无迟疑，况且我是个凡人，俗世的艳遇每次都带给我新的趣味……

在《婚礼集》中，有个将水与情妇相联系的迷人的意象："抱紧一个女性的身体，也就是将那从天而降跌入海中的奇妙乐趣搂入怀中。"还有一句，更为直白："对那些将活下去，并完全感受到女性的花朵和欲望中的血肉意义之人，我是嫉妒的。"肉体之爱，加缪将其列为自然赋予身体的一大乐趣之一，就如同游泳、跑步、感受皮肤上的水和阳光一样，它既不意味着罪恶，也不应产生愚蠢的负罪感。同样地，他居无定所，在翡虚院、哥哥家、母亲家或别的地方到处借宿。在随阿尔及尔广播电台的剧团各地巡演时，他就是一个随遇而安的游牧民。1936年11月，这个剧团以每日85法郎的薪资雇用了他。在电台台长阿乐克·巴尔图的推动下，这个有15名演员的剧团每周演一部现场直播的广播剧。这档节目大受阿尔及利亚听众所喜爱。为了收听艺术、动物、撒哈拉地区的旅游、体育等品种繁多的电台节目，按各自条件，有的家庭购置了有四个电子管的无线电收音机——C119型，还有更便宜的双栅电子管型号。通过电波，人们可收听《女性一刻钟》《柯西努斯教授的下课时间》《老阿尔及尔的历史》《机翼与马达之声》等栏目，还可以跟着电台学习阿拉伯语、英语、摄影和烹饪。有时，阿尔及尔电台剧团会走出演播室，离开位于贝尔特泽纳路的总督府总部，去城里或在乡村演出一些保留剧目。虽然年纪轻轻、初出茅庐，但加缪身上与生俱来的领袖气质和他那坚定的自信总能轻松俘获观众的心。

这两大优点同样也被他用到了政治活动中。1937年4月26日，希特勒派出了秃鹰军团，该团队中的德军飞行员对格尔尼卡[①]进行了大轰炸。当天，加缪

---

① 西班牙中北部的一座城镇。——译者注

在一场集会上对正在巴黎众议院进行审议的布鲁姆-维奥莱特计划表示了公开支持。一个月后,他发起了一次支持该计划的宣言,获得了50多名知识分子的联名支持。他让人们明白"在一个90万居民没学校可上,没知识可学,空前的贫穷使人饱受贬损,各种特设法律和非人道的规定使人备受刁难的地方,没办法谈什么文化。"布鲁姆-维奥莱特计划旨在赋予一些经过筛选的个人(获勋战士、民意代表、有学位者、公会代表)——即600万土著中的2.1万人,参与法国国会投票的权利。加缪仅仅将其视为"穆斯林具有完全参议资格行动中的一个阶段"和"法国在文明和人性的事业中应该做到的最起码的事情"。然而,改革却遭到法国和阿拉伯民族主义者的诋毁。前者认为,这种做法赋予了"土著"过多的权利,8位阿尔及利亚议员甚至以辞职相威胁;后者却认为这还不够,他们从那之后便一直要求独立,而拒绝接受可能会导致阿尔及利亚人民内部割裂的权宜之计。只有《法兰西-

穆斯林共识》，作为一份穆斯林民意代表联盟和费尔哈特·阿巴斯所创办的阿尔及利亚人民联盟的机关刊物，对此项计划表示了支持。

慢慢地，加缪这个名字在阿尔及尔为人熟知。这意味着通过公开演讲和戏剧演出，他逐渐变成了当地的知名人士。随着5月10日，《反与正》在夏尔洛出版社出版发行，他的名气又增大了一些。虽然这本书发行量极小，只有区区350册。但《奥兰共和报》还是发表了一篇肯定此书的评论。不过这本书远没达到让加缪信心倍增的效果。他对于自己的写作风格并不完全满意，还有好几篇评论认为本书只有苦涩悲观的论调，缺乏对幸福的追求。算了。他对梅松瑟勒说："以后我会写出一本真正的艺术作品，当然，我想说这是一次开创性的写作，但我要讲的是同一类主题，而且我的进步恐怕将体现在形式上——我想变得更为客观。剩下的，就是我跟自己的比赛了。"跟肺结核准予他的时间赛跑？还是以自己的文学目标为准，尽力去弥补自己能预见的一些不足?无论答案是什么,1958年,当加缪终于答应将《反与正》再版时,他肯定地说道,此书是他所有作品的源头。

这一年夏天,他跟几个朋友去了卡比利亚露营。随后,在医生的建议和朋友的坚持下,他前往上阿尔卑斯的昂布伦治疗结核。在那儿,他跟让娜和玛格丽特碰了头,然后几人结伴又去了意大利。在一张拍摄于佛罗伦萨的照片中,他就站在一片远处有柏树环绕的草原上。他穿着翻领的条纹衬衫,戴着蝴蝶结,他后来笑称这身打扮让他看上去像个理发店的伙计。在托斯卡纳的旅途中,他嗅闻了新圣母大教堂内院里含苞初绽的玫瑰花。在佛罗伦萨,他的目光在那些周日闲逛的女人之间游荡,观察她们未加束缚的酥胸和温润的双唇,感觉到"小腹之下那个热乎乎的欲望之兽在蠢蠢欲动"。

自从他搬到翡虚院与让娜和玛格丽特——这两个被他称为"小母驴"的女生同住后,就跟她俩的一个女性朋友发生了一段恋情。克里斯蒂亚娜·加兰多是个速记打字员。她常常一丝不挂地躺在露台上晒太阳,现在跟加缪共享同一个房间,并负责将他的手稿打出来。要到这个房子必须经过一条橄榄树环绕的陡峭坡道,它就像个与世隔绝的避风港。白天,如果不工作的话,加缪就拥有了一切。他将它改名为"面对世界的房子",后来在《快乐的死》中更是将其称作"天空中的讲坛,在此可以对高山和大海喊话"。在此书中,让娜、玛格丽特、克里斯蒂亚娜分别以克莱尔、罗斯、和凯瑟琳的名字出现,贝尼斯蒂则以画家诺埃勒的身份出现。加缪喜爱这个所有"居民"轮流做家务的"法伦斯泰尔"理想国,这个猫猫狗狗都来去自如的观景楼。他小时候常在里昂路追逐那些动物收容所的小卡车,想要将那些被抓住的流浪猫狗放生。在翡虚院,他收留了一只长虱子的狗,取名叫克尔克——克尔凯郭尔的简称,另外,还有两只分别叫做卡里和古拉的猫。同格勒尼耶一样,加缪也喜欢这些猫科动物,相较于它们的任性,他更欣赏它们那种超然的冷静。此处环境宜人,那他幸福吗?是的。证据就是他为这栋楼房和楼中同伴之间深厚友谊所写的那首叠句韵诗,从中也可看出作者本人的风趣和对朋友的忠实。他的过去、家庭的责任、身为丈夫的义务、跟西蒙娜分手的悲伤和苦楚,都已烟消云散,如释重负。他现在对任何人都没有亏欠。他将要做什么?他的人生将如何延续?不得而知。为何不去中南半岛?对了,还可以去给某位印度君王服务。在海天之间的这所翡虚院,他满心欢喜,皆因自由。

春日里,心情荡漾。加缪、克里斯蒂亚娜和贝尼斯蒂又去了次蒂巴扎,那个被风吹拂拍打的古罗马遗迹。走过腓尼基人的古代商业据点中的主要干道,穿过渔民正在修补渔网的港口,越过乡村,他们终于抵达了沙丘。这里别无他人,除了在沙中摇摆身体爬行的蜥蜴、嚼着稀疏草叶的几只绵阳和蜷缩成球形的几只兔子。紫红色的三角梅、开着花的柽柳、一簇簇被路人的鞋底踩扁的金雀花、木槿、苦艾，时下正是芬芳四溢的季节。一尘不染的天空中，谢努阿山完美地显现出来。沉醉在绮丽的风景和拍打着峭壁黑色礁石的浪头中，这一完美时刻让他灵感大发。加缪坐在沙地上，宛如一个神谕者，脱口而出："在春天，蒂巴扎的山丘中住着众神，他们在阳光与苦艾的气味中，在披挂着银甲的大海上，在纤尘不染的蓝天里，在被花朵覆盖的废墟中，在翻腾于乱石堆的光亮中，娓娓说着话……"这首当时为取悦朋友而写的即兴之作，后来被收入《婚礼集》中。

灼热的时辰一过，他们就下海游泳，畅饮新鲜的薄荷水，然后搭客车回家。个个都疲倦而快乐。

这一天是如此丰实，让人难忘。

在共产国际的档案中，有一份法国共产党于1938年初提交的总共11页的报告。报告人叫罗贝尔·德洛什。几个月前，法国共产党将他外派，去领导独立运作的阿尔及利亚支部。曾是皮货商的他在公会与政治机构中青云得路。他以官方的口吻做了一份报告，详细汇报了法国共产党在阿尔及利亚的三个省份活动的情况：选举结果、思想上的进步或倒退、党员的精神状态、党内的清洗。"有几个托洛茨基主义的破坏分子必须肃清，如加缪（前文化之家主持者）和（6个月前入党的）吉拉尔等。这些人公然与法国共产党的领导干部及党的政治路线唱反调……"这简直是辩证思想的反例！托洛茨基主义破坏分子，加缪？真是开玩笑！倒不如说他让某些人不爽。几周以来，他的命数已定。为了排挤他，一些狂热分子绞尽脑汁，想方设法给他编造莫须有的指控：私吞公款，剧目编排离经叛道，行为不检点。起初，加缪因为读到纪德于 1936 年 11 月出版的《从苏联归来》而深感困惑，后者于 1937 年 6 月出版的《从苏联归来修改稿》更引起了他的疑虑。于是，在彭塞的支持下，加缪组织了一场公开讨论会，这让有些法国共产党内高层感到尴尬无比。一天，他出手揍了一个在文化之家的辩论中对他出言不逊的家伙。在他内心深处，总是对那些一时心血来潮觊觎军权和国防权力的党员充满蔑视。不可避免地，他成了某些人的眼中钉。在《苏法互助条约》的影响下，法国共产党改变了在阿尔及利亚的政策。对于法西斯在欧洲的发展，斯大林有所警觉，因而在 1935 年与赖伐尔会面时表示完全支持法国的国防政策。为此，法国共产党开始支持国防政策并赞同军费预算。从那以后，此前齐心协力的反殖民和反法西斯斗争很快剑拔弩张地相互敌对起来。法国共产党对北非之星的解散没有提出抗议，后来又由于未能成功渗透到该组织的核心，竟向当局检举了梅萨利支持者，让北非之星蒙受了更大的损失，这最终导致法共与阿尔及利亚民族主义者完全决裂。6月，新成立的阿尔及利亚人民党对法国共产党提出挑战，其在市级代表选举中提出的本地候选人成功进入了第二轮票选。阿尔及利亚人民党大举进入由法国共产党主导的本地劳工组织。从郊区到贫民窟，从一个乡到另一个乡，阿尔及利亚人民党仍不断赢得民心。8月27日，梅萨利·哈吉因为主导了一次声势浩大的游行，遭到逮捕并被流放出境。

有一个下午让加缪长久以来都难以忘记。那天，几个阿拉伯党派分子来找他盘问情况，这几个人本来都是在他的说服下加入北非之星的，是知根知底的熟人。加缪会有什么回应吗？

这个下午，是的，他很久之后都记得。他被一种一生只体验过两次的感情填满。第一次是在童年时代，那次他骗外祖母说买了东西后找零的两枚硬币，本来放在口袋里，结果有一枚掉进了厕所。于是老太太挽起袖子，在马桶里面白白掏了半天。其实她这样做，既不是出于吝啬，也不是装模作样想让孙子难堪，加缪很清楚，这是因为家里实在太穷，穷到每个铜板都很值钱。第二次是在加缪14岁那年刚进高中的时候。当时，学校管理处强制要求填写资料表格，表格要求必须填写母亲的职业。他本来写的是"家庭主妇"这个词，但是有个同学提醒他应该写"用人"，说这个词更准确。就在那一天，他意识到了母亲为了两个孩子而甘愿卑躬屈膝，做着听人使唤的卑贱工作：跪在地上给地板打蜡，清洗堆积如山的衣服。

加缪被这几个人责令老实交待，还必须说明所属党派的立场。他感觉受到了侮辱，气得浑身发颤。对他自己及前来审问自己的这几个家伙所抱持的忠诚，他倒是深信不疑。作为法国共产党的活动分子，他不过是谨遵莫斯科教诲的战略机器上的一颗齿轮。加缪没有躲避。在索利埃高地的党支部，他提出了自己的看法。这被认为是公然的挑衅，而他也因此被传唤到了总部。这次，他成了被攻击的对象，并被贴上了托洛茨基分子的标签。对这一切他早已厌恶至极，于是心甘情愿地任由自己被开除出党。这才有了德洛什的那篇报告中的内容……

下一个打击的目标是谁呢？弗雷曼维尔。他被诬告动用了阿巴斯的钱才开起了印刷厂，于是他摔门而出，紧随其后的是玛格丽特和让娜两人。看来，人民阵线当权以来孕育的所有改革希望，尤其是实现穆斯林群体的平等法定地位和国会参政权利的希望，都化作了泡影。在阿尔及利亚，右派联盟及其举国团结的施政纲领通过一系列宣传造势，在1937年10月的区选和1938年2月的财政代表选举中打败了左派。在这之后，左派在阿尔及利亚的三大省份中占有席位只有区区十分之一。至于布鲁姆·维奥莱特计划，将再也不可能在众议院得到表决。1年后,阿尔及利亚共产党因为《苏德互不侵犯条约》的签订而转入地下,阿尔及利亚人民党党员遭到了粗暴镇压和逮捕。对于这场镇压活动,后来当上了记者的加缪用一种类似叠句的形式撰文回应:"欲消除阿尔及利亚人民的抗议,噤言息声是徒劳的。不如对其持宽容和公正的态度。想阻止阿尔及利亚的民族主义,唯一方法是清除那孕育民族主义的不公正的土地。"

被开除出党后,加缪在笔记本中记下了几个难得的针对时事的回应,一直以来,这个本子只被用来编写写作计划和记录妙手偶得的佳句。阅读这本笔记会让人产生一种错觉:上面的文字一定出自某个很少关心时局的年轻人。实际上,当时的加缪继续探讨着对与错、拒绝与接受这两对极端。一个人内在的对立被"荒谬"这一概念调和,与其说被调和,还不如说拒绝任何形式的妥协,而且泾渭分明,从不让步。而这种不妥协既无关正义感，也无关正确性。

加缪于 1937 年 10 月创办了"团队剧团"。经过举手表决，老剧团成员的好友或熟人，大部分都加入了这个新的团队。这次，一切既定的思想和立场，无论是政治上的还是宗教上的，通通都靠边站。"团队剧团要求作品真实、简洁，感情上激情洋溢，情节上冷酷无情。所以，他们更倾向于演绎那些对生活的热爱和对生存的绝望交织在一起的时代：古希腊（阿里斯托芬、埃斯库罗斯）、伊丽莎白时代的英国（福斯特、马洛、莎士比亚）、西班牙（费尔南多·德·罗哈斯、卡尔德隆、塞万提斯）、美国（福克纳、考德威尔）和国内的当代文学（克洛岱尔、马尔罗）。"同月，曾因为肺结核而无法报名参加教师资格考试的加缪得到学区许可，去阿尔及利亚西北部的西迪贝勒阿巴斯初中教授语法。他去了当地，但随即又谢绝了这个本可以让他获得一份稳定收入的机会。他怕自己会在那儿凋零枯萎。"一旦度过最初的那段时期，我一定会同意待下去。但危险正在于此。我害怕,怕孤独,也恐此生将一成不变,再无悬念。"没有答应教职,就是不言放弃。真实的生活在别处,在写作中,他不应放弃。1919—1920年,《文学》杂志对各类作家做了一项调查:他们为什么写作?对这个问题,加缪的回答将是:出于日常需求和"一种赌注,督促我去创造出有价值的东西。否则,就只剩下完全的荒谬",正如他当时向厄尔贡坦言的那样。这个信念也被他记在了笔记本上:"有或没有价值。创造或不创造。在第一种情况下,一切均为合理。在第二种情况中,只有完全的荒谬。所以只需去选择最具美感的自杀方式:结婚,然后每天工作8小时,或者是开枪了结自己。"

他坚决反对那些使人精力涣散的社会闹剧,反对精神和身体上的慵懒,反对那些使人异化、让他们疏离于自我的机械劳作。他所敬仰的那位才华横溢的作家赫尔曼·梅尔维尔也是如此。周游四海之后,他选择停靠于一间办公室,尽力去做个被世人遗忘的人。工作将人压垮,工作使人受辱,这是加缪很早以来就坚信的想法。早在他被外祖母逼迫暑期打工的时候,这个想法就已经在脑海中生了根。14岁时,他发现烦恼、疲倦和单调"是造成日子太长,人生太短的元凶"(《第一个人》)。在《快乐的死》中,梅尔索的差事,他的工作时间,成了阻碍他"赢取"人生并将生活变成快乐体验的一大牵绊。因此,他开始反抗物质的短缺。"做一个有钱人或变成有钱人,就是有时间让自己幸福——如果还来得及的话。"扎格罗斯——那个与他共同占有一个情妇的残疾人——劝告他说,只要"在悲剧中取乐"就好。梅尔索以自己的方式遵从了这个建议:他杀死了扎格罗斯,并将他的财产占为己有。对于金钱,贫穷的加缪没报太多期望,只要实现财务自由就好。一点小钱对他来说就足够了。一间没有家具也不需要摆设的房间。箱子上面垫上一块垫子当床,这样他就心满意足了。然后就是书,除了书还是书，沿着墙壁成堆码放的书。还有什么？啊，对了，友谊！没有友谊，他就活不下去。

从1937年12月起，加缪开始在物理与地球气象研究所任职。根据20年来在350个观测站收集到的数据，他要计算出平均气温，并绘制大气变化的曲线。作为一个易被暮色触动，对阿尔及尔的太阳抛洒下的大片光线充满热爱的年轻人，如今穿上了白色工作罩衣，与数字打上了交道。这些数字，可以用来对他疯狂着迷的气候作出科学解释。两年前，这位年轻人就曾打算用一个本子来记录每天的天气。每年2月，常常可见到他在领事谷周围漫步。他希望在那里观察扁桃树的白花绽放的过程。虽然晚上天气很冷，但他觉得为了这番景色，挨冻也是值得的。

一离开办公室，他便花上数小时伏案写作。出于对自己病情的了解，他的写作遵循着严密的精确性，一如气象学中那些以毫巴为单位的计算，他像苦行僧一样，完全与世隔绝。剧团对他而言变得越来越重要。

他认为，戏剧可以"使人脱离尘世，那种独特的将人从一切中脱离出来的热情，也就是我所谓的修道院"（《巴黎戏剧》采访，1958 年）。除了编剧和团务组织上的工作，他也享受戏剧中的每一个瞬间：排练时演员们表现出的谦卑，演出时台上迸射的短暂又耀眼的光彩，那一段段被生动演绎后又随着帷幕落下重归于平静的华丽人生，剧团演员在脱下戏服时其人生和戏剧交错的瞬间。通过阿尔及尔广播电台的马克斯·希莱尔的专业指导，加缪的演技有了长足的进步。马克斯教会了他控制呼吸的诀窍。人们都夸他有演戏的天分。继《塞莱斯蒂娜》里的卡利斯托之后，1938 年 2 月，他饰演了纪德的《浪子回家》里那个青少年时期的儿子；第二天，又摇身一变成了失业者赛加尔，在遭受了爱情与友情的双重失意后，此人登上夏尔·维尔德拉克的"《坚韧号邮轮》"，独身移民到加拿大。3 个月后，他倾尽全力投入到陀思妥耶夫斯基的最后一部小说《卡拉马佐夫兄弟》中。他将伊万这个角色留给自己,这是几个兄弟中最不信宗教、最孤独的一个,深受痛苦折磨,就算在梦中也逃不脱恶魔的纠缠。加缪对这个人物的喜爱超过了其他任何一个。他似乎完全能理解此人,伊万的独白就如同他自己的心声。所有这些剧目当然都或多或少跟他有关。不只是源自他的文学喜好,还有他偏爱的主题:挫折与失败的经历,因上帝的缺席带来的那种自由的眩晕。人们只需一读小说《第一个人》的附录中那些他为母亲所作的难以言尽的爱的宣言。在他于1960年1月死于车祸之前,仍在继续写着这本赤裸裸地表现自己的自传体小说,他本打算将这本书献给母亲。在书中他写道:"啊!母亲,啊!如此温柔,在你身边,孩子被视若瑰宝,你比我所处的时代更伟大,比迫使你屈服的历史更伟大,比我在这世上珍视的一切都更真实,啊!母亲,原谅你的儿子吧,他曾从你那朴实的夜晚叛逃。"此外还有:"不,我不是个好儿子:好儿子不应远游。而我却在全世界到处游荡,我沉迷在虚荣、荣耀和女人堆中,因此背离了自己的母亲。"这难道不是一部充满悔意的浪子回家录?在诺贝尔奖的光环之下——虽然他的母亲认为这项殊荣不过是他理所当然应该通过的学校考试——作家回顾了自己的童年及其父母的故事。对那个素未谋面的父亲他只有靠收集到的细碎资料来描述;至于他为何疏远了母亲,那是由于文化上的差距,在心灵上,他跟她从未走远。这跟25年前,那个还身处阿尔及尔的儿子心中的想法别无二致。他在1935年写下的一段话可以证明:"就像大家所说的那样,他是个聪明人。使他与她渐行渐远的因素,更确切地说,其实是那些在两人之间产生隔阂的东西。每一本摊开的书,每一种越来越细腻的情感,每一个新的发现和每一朵花都使他们之间产生了新的距离。那个活着的自己,那颗跳动的心却在别处,从未离开那个他母亲工作的用人房间。"加缪心中,对母亲的爱交织着绝望。怎么才能碰触到她?如何才能与她团聚?

排练结束后,意犹未尽的剧团成员会找个地方再聚一番,比如去学院啤酒馆、去拉明·德巴基纳餐馆吃古斯米、去50分钱一份菜的那家马赛餐厅,或者去那家以炉灶煮鱼的"渔场"餐馆。剧组内的服装设计师,同时还身兼画家和室内设计的玛丽·维顿会驾驶飞机。她用直升机将加缪带到阿尔及尔以南330公里处的杰米拉。飞机降落前,他们飞越了古罗马废墟和古代剧场。在杰米拉、蒂巴扎、布扎雷阿三处所作的中途停靠、在海滩上度过的半日闲暇、在阿尔及尔周边高地上的长途漫步,对加缪而言都至关重要。这是鲁滨孙式的探险,是他与自我、与大自然的重逢。那一刻,他是否已经想好了将来要写在《第一个人》的页边空白处的话?"正值青春年少。他充满生命力,对人生满怀期待。但他突然咯血了,于是生活变得面目全非,医院、死亡、孤独,这真是荒谬。分歧就此产生。他内心深处发出了呐喊:"不,不,人生是另一种样子。""门将洛朗·迪洛托是他敬佩的对象,战胜肺结核之后,这位球员在第三届世界杯上为法国队立下了汗马功劳。

除了温柔的克里斯蒂亚娜,加缪与年轻的女诗人布朗什·巴兰也有段恋情。此外还与一名叫作吕塞特·弗朗索瓦丝·莫莱的药学学生有过一阵交往。这两人都被他领进了"团队剧团"。事实上,那时候他才结识了一位颧骨有点高的奥兰美女,叫弗朗西娜·弗尔。这位身为数学家和钢琴师的女性让他过目不忘。她显得怕生又拘谨,跟其他人不大一样。只不过,他也没打算跟任何一个人许下结婚的承诺。毕竟,他一直没有离婚,这个状态让他在交往上更为随心所欲。有了这个借口,他可以先避免展开一段长久的恋爱关系。因为目前,写作才是他的第一追求。首先,他要简化自己的写作风格,删掉那些为了读者刻意设置的效果,然后抹去所有主观痕迹。因为卡利古拉这个孤独又暴虐的人物总是在他脑中萦绕。他正在考虑为这个因权力而疯狂,却溃败在自己残暴滥用的自由之下的人物写一个剧本。他将之视为荒谬的化身。他已经草拟了提纲和结局,并完成了几场戏,还亲自演给朋友看过。

若不是因为靠近校区,学院①啤酒馆这名字就不太贴切了。一天晚上,加缪感到力气尽失,他面色苍白,表情中难掩痛苦。有个朋友询问他身体如何,他想都没想就回答道:"哎,我快死了。"依旧是结核病,这病一旦发作就使人意志消沉,并直接影响到了他的整个心脏。听到这句回答的那位朋友名叫艾玛纽埃尔·罗布莱斯,他很喜欢读费德里戈·加西亚·洛尔卡的作品,他在加缪身上看到了所谓的 alma torera,也就是斗兽场中额头上刻着死亡印记的公牛之魂。《塞莱斯蒂娜》在文化之家排练期间,当时在卜利达基地服役的这位新兵结识了年轻的导演。他们两人有不少

---

① Faculté 同时有学院和"能力"的意思,此处和后文中加缪失去了"力气"(faculté)双关。——译者注

巧合之处。他们都没见过自己的父亲，其中一位死于马恩战役，一位被斑疹伤寒夺去了性命。他俩的祖母都是西班牙裔，而母亲都给人当帮佣。青年时期，都得到了姨父的帮助，只不过一个姨父是屠夫，另一个是细木工。读书的时候，他们也都因为出类拔萃，得到了长辈的赏识。加缪深受小学老师的喜爱，罗布莱斯则是初中校长的骄傲。而且两人因为获得了奖学金才得以继续完成学业。罗布莱斯也写东西，他和加缪一样，都喜欢西班牙。比加缪更胜一筹的是，他还会说西班牙语。他俩有去西迪－费鲁绪的沙滩郊游的习惯。加缪很赞成他这个朋友的说法，他坦言世上只有两大乐趣：一是跟女人睡觉，二是在清澈的水中畅游。加缪将他视作孪生兄弟，并把他介绍给了埃德蒙·夏尔洛，埃德蒙将罗布莱斯任命为文学部的经理。为了让他赚到钱，加缪还为他介绍了一些给私人授课的机会，甚至还寄给他一张600法郎的汇票。他说自己不缺这笔钱。看重友情的加缪从不吝啬表达自己对朋友的感情。

春天的时候,他和雅克·厄尔贡、弗雷曼维尔、加布里埃尔·奥迪西奥,以及大学教授让·伊吉耶一起创办了《海岸》杂志。正如名字所示,这本由夏尔洛出版的双月刊完全是以西班牙、意大利和阿尔及利亚所代表的地中海文化为核心,从1938年12月到1939年2月,一共发行了两期。终于,那本取材于年轻时期的往事(肺结核、布拉格之旅、翡虚院的暂住经历、他的家庭)的《快乐的死》大功告成。加缪将手稿拿给格勒尼耶过目。后者对这部作品持保留意见,这让加缪大受打击。6月18日,加缪曾向其吐露了心声:"此外,我必须承认,对这次失败我无法装作无动于衷。我认为没必要再告诉你,我对我现在的生活并不满意,所以我格外重视这部小说。也许我的执着是错的。在读完您的信后,我有点迷失了方向。这种感觉直到现在才好了些,只不过在我重新投入工作之前,我想知道一件事情……:坦白地说,您真的认为我应该继续从事写作吗？我带着满心焦虑不断地问自己这个问题。"他得到的回答当然是正面的，但是他却决定放弃出版《快乐的死》。加缪并不是缺乏自信，只是他习惯了自我批评，因而总是倾向于质疑。在完成这部直到 1971 年才出版的小说处女作的时候，他已经开始起草另外一部，就是那位不想用谎言来为自己的行为辩解的死刑犯的故事，《局外人》的雏形，即被他视作"真诚的疯狂"的那部悲剧。那个夏天，满怀雄心壮志的他订下了 7 项写作计划：戏剧《卡利古拉》，一篇关于每周工作 40 小时的随笔，一部即兴作品……

有人离开，也有人到来。这是个迎来送往的季节。7月，加缪一直服从并敬仰的那位启蒙者——让·格勒尼耶，也就是后来在《第一个人》中以马伦的形象出现的那个人，永远地返回了法国。1个月后，路易·吉尤的另外一个朋友出现了。继路易·热尔曼、古斯塔夫·阿库和让·格勒尼耶之后，帕斯卡尔·皮亚是第4位在阿尔及尔对加缪造成决定性影响的人。对阿尔及利亚，皮亚有段不愉快的回忆。作为祖阿夫兵的他曾在君士坦丁服役，在那儿，愚蠢的军官让他吃了不少苦头，甚至因为受虐而住进医院。这次来到阿尔及尔的他实际上已筋疲力尽，拖着妻女和超过3吨重的书籍和家具。他受够了之前供职的那家报纸的警戒氛围，也厌倦了那些追名逐利、拼抢地盘的文人身上的虚荣。他以本名皮埃尔·杜朗示人，受雇于法国国立农学院的学生让-皮埃尔·弗尔。有超过一年的时间，这个农学院学生在参议员莫里斯·维奥莱的支持下打算创办一份忠实于人民阵线所捍卫的价值观的报纸。基于这个愿景，他筹措了资金，号召群众预先订阅，并成立了一个志愿性质的管理委员会。为了保持独立性，这份报纸禁止担任政治职位的人兼任记者。皮亚年方35，此时的他已经是个传奇人物，他身上带着某些虚无主义者特有的文质彬彬的绝望气质。久经世故的他，曾以各种名号瞒天过海，糊弄过警察局和管理机关：马塞尔·拉·彭博、阿维宁·米讷、路易兹·拉兰纳、雷日尔·阿利普、乔治·嘉伦、杜桑·梅辛-莫里纳，而帕斯卡尔·皮亚是他最后使用的名字。他在1915年丧父，14岁那年，又因为向往自由而从母亲家里出走。17岁时，这个流浪的巴黎人在一本比利时杂志上发表了他的头几首诗作，不久后，《新法兰西评论》的主编雅克·里维埃注意到了他的才华，并在该杂志上刊载了他的作品。他未满18岁时便已偷偷潜入了国立图书馆的禁书区。在那儿，这位年轻的博学者日复一日地挖掘那些放荡的禁书，并将其手抄下来拿去地下出版。这类型的文章他自己也写一些，但写出来后他都将其冠上阿波利奈尔、兰波和波德莱尔的大名。他的仿写天分惊人，以假乱真的作品甚至瞒过了当时最优秀的专家和最敏锐的历史学家。例如，《在布鲁塞尔的几年》就被收录进了"七星文库"的《波德莱尔文集》第一版。他无法在一个地方长待。虽然他目无权威、生性自由、放浪形骸，但内心却不坏。只是，只有在细致而广博的工作中，他才会变得安分守己。这样一个家伙，曾经研究过法国无神论的起源，收集过古时候的食谱，还编写了一本题为《医生、牙医和药剂师诗文集萃》的诗歌集。他觉得这个点子颇为有趣，虽然没怎么成功。在15年中，他每天读两本书，因此他那超乎寻常的头脑记下了数千行诗句。除了对经典文学有着不可思议的了解，他对那些被遗忘的文学，也就是那些作者不详，或是边缘化的作品也是如数家珍。虽然并不太像犬儒主义者，但这个天赋异禀的常以糊弄为乐的人实际上也是个怀疑论者。虚荣与自满是这个内省和低调的人最痛恨的两点。喜欢玩弄名声的他，对自己的名声毫不在意。似乎他已经阅人无数，见闻广泛，然后得出了一个教训：沉默是金。他主张将拒绝说话和拒绝合作这两条作为基本权利写入《人权与公民权利宣言》。1924年，他自己就作了一个表率。在最后关头，他拒绝让自己的诗集《荨麻束》出现在《新法兰西评论》的目录中，因为他终于还是觉得自己的诗"与被出版的权利相比，更具有被烧毁的权利"。有人认为这是一种不食人间烟火的高冷，有人觉得他这种行为其实葬送了自己的文学生涯，总之，在出版业中还是头一次有人这么离经叛道。因为他一心要坚持那不被荣誉玷污的独立，力求文学的概念不为半点平庸折腰，所以拒绝在文学中掺进自己的平庸——哪怕他其实可谓才华横溢。这便是后来加缪将《西绪福斯神话》题献给的那个人。在结束了自己在图书馆的隐居生活之后,他立马混进了巴黎各界名流的圈子。他在一家书屋里结识了马尔罗。两人手挽手去看电影《狂喜》,片中海蒂·拉玛裸身出镜。他们还一起去搜寻稀奇的旧书,到房屋中庭放声唱歌,与《行动》杂志的供稿者们共进晚餐,这些人中,提供文稿的有桑德拉尔、谷克多、拉迪盖、阿拉贡、艾吕雅、查拉、阿尔托,画插画的则包括德兰、布拉克、胡安·格里斯、毕加索、费尔南·莱热。他们一起走过了他们的梦想和 20 岁的光阴。关于自己即将踏上的那段冒险和文学交织的旅程,马尔罗是否曾跟这位友人提起过?在加缪初识这位《阿尔及尔共和报》的主编时,对这一切都还一无所闻。一共有 4 位编辑得到了报社的聘用承诺,其中两位来自《奥兰共和报》。股东正是想将此报的模式引进阿尔及尔。两家报社签订了一些协议,让各自的通讯员将文章分成两份同时寄往两家媒体。身为主管的弗尔弄到了一台老式的轮转印刷机，机器被装成几个箱子由轮船运达，然后他费尽心思，一个人将这台机器组装起来。跟伊斯利街上阿尔及利亚快报所在的那栋富丽堂皇的摩尔式建筑相比，阿尔及尔共和报报社所在的位于巴布瓦迪的办公楼显得简陋不堪。在地下室里，排列着12部用于排版印刷的铸造排字机。位于一楼的是会计和发货部门。编辑部在2楼。现在还需招募两位新人。有十来个人前来应聘，其中有退了休的公务员，也有对这一行业一无所知的年轻人。凭借出色的文化素养，加缪给面试者留下了深刻的印象。但在面谈期间，他对自己的写作经历，以及作为党内活动人士和剧团工作的经验只字未提。他只谈到了之前因为健康原因无法参加教师资格考试，之前的各种各样的工作经验，在阿尔及尔广播电台当过演员，卖过汽车零配件，在气象研究所当过助理，等等。生活在水深火热中——皮亚对这个说法再熟悉不过，以他的自身经历，他大可以列出一份五花八门的工作清单。在"疯狂年代①"，他曾做过海运公司和保险公司雇员、经纪人、酒保，在蒙马特卖过画，当过流动商贩，为阔绰的博士生和懒惰的学者当过代笔，在德鲁奥拍卖行从事过艺术品地下交易，干过可卡因走私的勾当，当过小说家和银行家的侍者或秘书，在纳维尔做过校对员，在阿尔班·米歇尔出版社当过付印部门的主管……同样不循规蹈矩，同是大烟枪，对文学怀着同样的痴狂，这两个内心深处都腼腆含蓄的人，简直是一见如故，一拍即合。从10月6日的创刊号开始，《阿尔及尔共和报》便不断传达出两人一致的主张。法国公民不应该被分门别类。阿拉伯人应享有跟占少数的欧洲人种相同的政治权利和工资水平，并且享受"跟本土居民同等的劳动法规、援助措施和卫生条件"。这份主要针对工薪阶级的改革派报纸每天出版8页，在阿尔及尔省内

---

① 第一次世界大战结束后，介于1919—1929年间，是个大胆追求解放，摆脱束缚，将生活急速摩登化的时代。——译者注

发行，每份售价为40生丁。加缪被聘任为报社的记者，这是个多面手的工作。报社里另外还有一位经验丰富的女记者。她尽心尽力地做了两篇报道，一篇是关于国内教育设施令人难以忍受的落后条件，一篇描绘了阿尔及尔贫民窟的居住环境。10月12日，轮到加缪发表他的第一篇报道。在文章中，他对那些投机倒把的商人提出了谴责，并指出由于生活必需品涨价，人民阵线政府在1936年5月对工人阶级的加薪政策实际上并没有任何成效。8天后，他在自己的文学专栏《阅读沙龙》中写道，自己对萨特的《恶心》持有所保留的赞赏态度，原因是"作品的思想和使用的意象之间存在明显失衡。但或许我们可以换一种想法。因为某种文学的错误在于认为人生的悲苦酿成了人生的悲剧。然而人生也可以是震撼人心和美妙绝伦的，这才是其悲剧所在。若没有爱与美，没有危险，活着就几乎没有什么难度。"

在奥兰尼旁听了逐渐在阿尔及利亚政坛得势的法

国社会党的集会后,他以讽刺作家的身份狠狠地讽刺了一番德·拉洛克上校的智商。后来,当载着600名流放犯的"拉马蒂尼耶"号在阿尔及尔港中途停靠时,他又以人道主义者的态度对此事做了专题报道,并提醒人们:要留意那些被抛诸脑后,被枷锁和牢笼禁锢的尊严。在此之前,加缪从未想过要当记者。足球运动员?求之不得;演员?当然好!但是记者嘛,不要。虽然他自己一直保持着读报的习惯,就连出国旅行时也从不间断,而且很早就显露出作为记者的宝贵的素质:能深入剖析事件,眼光敏锐,写作迅速,善于捕捉能以小见大的琐碎题材。此外,他还善于在写作中加入自己的文学风格,一种抒情的人文主义笔调,一种真实的还原感,更不用说在跟反动派媒体——尤其在跟阿尔及尔市长交锋时——那锐不可当的犀利笔锋。奥古斯汀·洛奇斯竟以谋划罢工为由开除了7名加入公会的市政府职员?对此,加缪怒斥道,"在此之前,毫无疑问,他曾是我们这座城市的精英和智慧的代表，可他现在变成了一个招人厌恨、心胸狭隘的小人，对于这种人，我们不应一笑了之，而应该毫不客气地起来反抗"。加缪常以荣誉的名义，呼唤人们要诚实，应该去追求真相，并去推敲"正义"这个词的本意，它在今天已经变了味。在阵营的选择上，他毫不犹豫，而且每当有必要用第一人称来呼唤大家团结一心时，他从未有过半点迟疑。在一篇篇文章中，他不断对成见和原则提出反对。在他身上，剧场演员和记者的身份合二为一，使他既可以即兴地搭好布景，速写一个个人物，又懂得适时地高喊出或激昂或讥讽的台词。

他的作息很有规律：晚起，写《卡利古拉》和一部取名为《漠不关心者》，后来改称《局外人》的小说，下午5点到报社，与另一位撰稿人，一位大约50来岁的还俗教士一起以地方记者的身份对警局、法院、医院完成例行的巡视，然后去市议会旁听。回到报社之后，他要审查所有部门的进度，整理电报内容，撰写政治社论，改写那些蹩脚的稿件，还需要考虑文化新闻和社会轶闻之间的平衡：比如有个外籍军团士兵因其情妇去了他不让去的餐厅，便将其杀害；再如，有个被医生宣判只剩 5 天可活的结核病患者，为了缩短等死的时间，竟割断了自己的喉咙。最后他在凌晨 1 点左右才离开报社。这样的作息未曾改变，哪怕他常会发烧咳嗽、或因为过度劳累而遭受疴病困扰。休假的时候，他读尼采——还是他，总是他——还有另一位哲学家斯宾格勒，乔治·贝尔纳诺斯以及年轻的巴西小说家若热·亚马多。虽然记者工作留给他写小说的时间少于他的预期，但是有失便有得，这让他有机会遇到形形色色的人和事。他的笔记本中，关于贝尔古区居民日常生活的观察记录与日俱增——在他们家里、在街头、在收容所、医院和集会上，谈话中的只言片语，到处发生的不幸事件，这些内容的很大一部分都成了《局外人》引用的对象。这全都仰赖于他的善于倾听、观察入微。

后来,加缪还曾有编撰一部无意义小事汇编的想法,他曾计划借此机会去收录那些人们习以为常而总是被忽略的种种行为和习惯。

在记者生涯中,加缪重拾了足球运动和剧团活动中那让他一直感到温暖的团队精神和友谊。在这个队伍中,就连皮亚那样的悲观主义者其实也并不是脾气古怪之人,甚至还不乏幽默感。更难得的是,这个工作狂在任何考验下都不会失去冷静。还在服役的时候,罗布莱斯就曾以多个笔名为报纸供稿。因为一些读者对报纸之前连载的司汤达的小说颇有微词,他就与人合写了一部情节跌宕起伏的言情小说用于连载刊登。

1939 年是加缪的记者生涯里历史性的一年,这一年,他为社会事业所做的努力不可谓不多。1 月 12 日,为了吸引大众对米歇尔·奥当一案的关注,他发表了一封致总督的"公开信"。奥当本是特雷泽尔土著互助社的经纪人,被指控侵吞公款。实际上,他是受到了几个富有的拓荒者诬告,这几个人本想在小麦收成的数据上动动手脚，而他不巧成了他们的眼中钉。受到拘押的奥当趁着候审的间隙偷偷给报社写了信。虽然受到大地主方面的重重阻力，加缪仍决心对此事展开调查。他会见了被告家属，然后经过抽丝剥茧的推敲，让这份表面上滴水不漏的司法文件变得漏洞百出：虚假审判，买通证人和滥用职权。每天，他都跟踪报道这个在提亚雷特进行审判的案件。待在提亚雷特期间，他跟几个小学老师一起去逛窑子，每次两法郎。在这一系列司法报道中，他对每一次审问和每一个突发情况都作了细致入微的描述，其叙事风格收放自如，这些报道内容构成了《局外人》里面那位离经叛道的主角默尔索的审判原型。由于这个案子揭发了与行政当局沆瀣一气的司法机关不光彩的行径，也让与人民阵线创办的小麦管理局呈对立关系的显贵和拓荒者间的丑恶勾当昭然若揭，除了《阿尔及尔共和报》，其他报刊不约而同地装聋作哑。经过非同寻常的长达两个半月的努力，战斗终于以加缪的胜利告终。3月，所有被告均被判无罪。奥当后来根据自身经历，写就《秃鹫群攻一人》一书，并交付于卡弗尔出版社。这家出版社是由加缪和弗雷曼维尔共同创办的，目的是等待遇到财务困难的夏尔洛重整出版业务。这次来之不易的胜利让加缪跻身那些光荣的拥有作家与记者双重身份的名人行列，他们通过口诛笔伐，为无辜者正名，将无法无天之人绳之以法，就像伏尔泰在卡拉斯案中所做的辩护那样，或又如阿尔贝·隆德尔于1923年在《小巴黎人报》上所做的调查。这份报道揭露了关押在圭亚那的7000名囚犯的处境和现状，它造成的反响是如此巨大，使得这座位于卡宴的苦役监狱最终不得不被废除。从1945年起，加缪又开始为废除死刑而奋斗——不受待见之人、遭到贬损之人、被社会遗忘之人和死刑犯——那些被社会抛弃、被边缘化和遭到流放的人，那些蒙受社会的不公正待遇、不被当人对待的人，在他们身上总有一些东西在吸引着他，并且持续引起他的关注。

5月,收录了四篇文章(《蒂巴扎的婚礼》《杰米拉的风》《阿尔及尔之夏》《沙漠》)的《婚礼集》由夏尔洛出版社发行。弗雷曼维尔和贝拉米克对此激动不已。蒙泰朗对年轻的作家献上了热情的祝贺。但是,这部作品取得的成功在当时并未超过由崇拜者形成的小圈子,直到它姗姗来迟的名声弥补了这个不公。《婚礼集》一书色彩缤纷、水色弥漫、芳香四溢、光彩照人,以一种简单明了的抒情风格为影像注入了活力和热度。这是一部献给阿尔及利亚的赞歌,致以当下的颂词,它重建了与古希腊时期的联系,愉悦地歌颂了赤裸的身体。这本书大胆奔放,充满感官诱惑,不仅字里行间蕴藏着强大的召唤力,而且其语言又极为精确地勾画出了身体感受。在此书中,加缪抒发了他对植物的热爱。在关于蒂巴扎的那一章,他提到了多少种植物、花卉和树木?有差不多15种。"在我头上,一株石榴树向我垂下它的花苞。这些花苞尚未绽开,上面带有棱纹,就像一个个似乎紧握着所有春天的希望而未松开的小拳头。"后来在卡比利亚,他看到的又是另一番景象。对于这个位于阿尔及利亚北部的山区,这个《婚礼集》的对立面,他写道:"古希腊总是毫不掩饰地表现身体及其魅力的某种荣耀。但就我所及之处,没有一个地方比得上卡比利亚,在那里,身体遭到百般凌辱。"另一位为《阿尔及尔回声报》撰稿的同行,曾在1938年12月夸赞卡比利亚风光秀美,而且还对那个地区的风俗颇为感兴趣。与他相反,对自己留宿的柏柏尔村庄那副贫穷惨状,加缪感到触目惊心。5月27日,《阿尔及尔共和报》刊登的加缪来信摘选中写道:"这里实在穷得可怕。如果不算荒唐的话,应该每天在报纸上高喊出这个事实。我不算多愁善感,但我认为任何一个具有正常感受的人在看到我在这里目睹的一切之后,都不可能不被触动。"加缪力求使自己的所见所闻更准确、更真实。他积累数据和事实,报道骇人听闻的社会新闻,梳理出一套经济和社会学研究成果,例如,将各地的工人平均工资公之于众——"这工资简直是种侮辱",他说。他着重指出了当地排水设施缺失的状况,以及更为普遍的问题——卫生设施短缺;他揭露了医疗和教育资源的匮乏,指出这导致了 80% 的儿童无学可上,由此可见殖民地的行政管理是多么的怠慢低效。"卡比利亚人不但缺水,也没有什么通信手段,他们被封闭在破屋中,要求得到他们缺少的东西。"《阿尔及尔回声报》的那位记者将他们定义成个人主义者,认为他们是一群巴望着别人财产的不劳而获的人,甚至想把那些寸草不生的不毛之地也占为己有。加缪则相反,在他眼里,他们是彻底的民主分子,他们崇尚独立与自由,他们的宪法里不存在监禁这一条,对于那些犯错的人,驱逐出境被视为比监禁更严厉的惩罚。然而这个民族却饱受饥荒,成了行政当局的弃儿,几乎沦为了奴隶。他们甚至只能吃草根果腹,孩子们竟要跟饿狗争食。6 月 5 日到 6 月 15 日,以《卡比利亚的贫苦现状》为题的 11 篇文章陆续刊登,每一篇都附有一张或数张照片。"在西迪艾绪地区中部山区的埃勒弗莱村，我们可以见到一些家庭，他们常常两三天都没有一口饭吃，"他如此写道，并继续说明，"今年冬天，为了领大麦，4个老妇人从一个偏远乡村一直走到米什莱，返程时，她们全部死在了风雪中。"虽然字里行间透着绝望，但文章的作者并没有失去希望。他提倡兴建大型工程、禁止高利贷、建立乡镇行政体系，从而实现居民的自治管理。加缪的结论是："如果说殖民行径还能找到借口，那就是帮助被征服的民族留存其民族个性。如果说我们对这片土地有什么义务，那就是让这土地上最光荣的那个族群忠实于他们自己和其自身的命运。"尽管《阿尔及尔共和报》的发行量很小，但这篇报道引起了强烈的回响。它印证了阿巴斯在《法兰西-穆斯林共识》中撰写的内容："在阿尔及利亚，人们死于饥饿，"1月15日，他写道，"失业率不断上涨，造成一些家庭不得不以乞讨为生。每天，很多母亲抱着孩子在街上四处游荡，寻找着根本无迹可寻的食物。在乡下,情况也极其悲惨。衣衫褴褛的人遍地都是,面无血色的脸随处可见。"颇受民众欢迎的《阿尔及利亚快报》很快发起了反击。从6月8日到17日,该报纸刊登了一系列文章吹捧法国在卡比利亚地区施行的政策。但加缪已经赶赴了别的战场。埃勒·奥克比酋长被指控出于政治目的谋划刺杀阿尔及尔的大穆夫提①。加缪相信他是清白的,当起了他的辩护人,直至他最终被判无罪。但与此相反,尽管他费尽心思,并且也撰写了不少批判司法体制的文章,却未能在那个涉及12名农场工人的案子上取得同样的成果。这群工人来自君士坦丁省的欧里博,因为抗议工资太低,被施以酷刑并被法院以涉嫌向"有人居住的建筑"纵火为理由,判处数年的强制劳役。在这个案子上,他再次一连战斗数天,单枪匹马对抗蔑视法律、伪造证物、诓言诈语的种种恶行。他重点

---

① Muphti,伊斯兰教法说明官。——译者注

揭发了警察在开展调查时，那种偏向于维护殖民拓荒者权利的习惯性做法。但这一切努力都是白费力气。加缪阻碍了那些有权有势者，他招惹到了他们，激怒了他们。他成了众矢之的，受到威胁恐吓。他们只想让这个记者闭嘴。

报社团队中，开始出现裂痕，尤其是皮亚和加缪与报社董事们之间。后者认为他俩对于社会正义的关注大大超过了对时下法西斯和纳粹主义蓬勃势头的关注，欧洲大陆正在被撕裂，一场新的冲突似乎不可避免。几个月以来，阿尔及尔的政治气候急剧恶化，这体现在本来对阿尔及利亚人民党有利的选举结果被作废，该党领袖遭到迫害。穆斯林及其代表受到雷尼埃法令史无前例的打压。这条法令规定，"任何人一旦发起反对法国统治权的任何动乱或示威，或者违抗当局的执法、法规或命令"，一律判处 3 个月以上两年以下监禁。3 月 18 日，在第三帝国的大军入侵捷克斯洛伐克，匈牙利军队占领了乌克兰的喀尔巴阡山麓地区之后的第 3 天，达拉第在法国独揽了大权。4 月 7 日，意大利在阿尔巴尼亚展开进攻。以国际危机为借口，阿尔及尔总督于 8 月颁布了若干条新的法令，更大程度地限制了自由。同月 23 日，代表第三帝国的里宾特洛甫与代表苏联的莫洛托夫签订了德苏互不侵犯条约，这让左派政党们一时阵脚大乱。法国和英国一方未能跟苏联达成协议。在巴黎，《人道报》和《今晚报》，也就是皮亚曾在新闻部担任主管的那家报纸，均遭到了查封。两天之后，德国对波兰发出最后通牒，波兰在第二天即动员了部队应战。9 月 3 日，法国和英国同时向德国宣战。《阿尔及尔共和报》的编辑和董事们都被动员起来，加缪只好放弃了由自己翻译完成，并已经和"团队剧团"成员们排练数周的《奥赛罗》。他在笔记本中写道："想要与群体割裂的想法永远是徒劳的，即便只是想远离其他人的愚蠢和残忍。人们不能说：'这没我的事儿。'我们只能在合作和对抗中二选其一。没有什么比战争和挑起国家之间的仇恨更不可原谅的了。一旦战争爆发,想要借口自己没有责任而置身事外的想法就成了虚妄和懦弱。象牙塔已经崩塌。讨好自己或是讨好别人现在都被禁止。"虽被免除兵役,加缪仍主动要求应召入伍。9月9日,他接受了体检,虽然测得的结果被认为符合要求,但是委员会最后还是宣布:不予通过。这跟他报考教师资格考试那次得到的答复如出一辙。

编辑部的人越来越少,加上物价上涨和纸张存量耗尽最终引起了财政困难,于是《阿尔及尔共和报》报从9月15日开始,逐渐转型为一份篇幅较少的新报纸。因为无力维持在全省境内的发行,这份更名为《共和晚报》的报纸仅依靠流动商贩贩卖,发行范围也收拢到阿尔及尔市内。这份"服务于真正的和平并反对所有独裁的新闻评论日报"连篇累牍地控诉战争的恐怖,并揭示战争的深层次原因。它刊登新闻摘要、历史研究,提供推荐书目以对抗好战分子的激情,书目里涵盖了阿兰的《战神或被审判的战争》、哈谢克的《好兵帅克》等。在这份报纸中，各种编造的笔名层出不穷。实际上，皮亚和加缪意在通过这种方式，一方面作为消遣，另一方面还能从战略上制造一种编辑部人多势众的假象。加缪用在文末的署名有：文森特·卡帕博、尼禄、李培尔、扎克斯、让·梅尔索或"因道德或宗教原因而拒服兵役的人"。这份由他担任主编的新报纸最独到之处在于它非常谨慎地对待消息来源。基于这种作风，"《共和晚报》还设想为每条新闻附上相应的来源说明：半官方消息、官方正式消息、延迟消息、未经审查内容、应持保留态度的消息、来自英国的消息等"，以便让读者多少可对这些信息保持适当的批判距离。过滤新闻、审核信息来源、对事实进行比对、避免断章取义、避免受宣传造势蛊惑，加缪和皮亚建立的这套媒体人职业道德标准经久不衰。8月27日，当审查机制重启之后，这份报纸也未能幸免，跟其他报纸一起受到了军事指挥部可谓吹毛求疵的严格管控。每天，都有一名肩章上有三条杠的军官来到凯什兰街，手上拿着根蓝色铅笔，他逐一审查那些将于翌日发表的文章，划掉看不顺眼的内容。他的审查范围并不仅限于政治性的文章，也包括许多其他内容。任何人都可能通过收音机听到的法国政府通稿？删掉！从伏尔泰的《哲学辞典》中摘录的《战争》条目的片段？删掉！皮亚和加缪为了给报刊添色增辉而特意引用的高乃依、狄德罗、伏尔泰或雨果的名言警句？删掉！引自季洛杜《特洛伊之战不会发生》的这段话？划掉！皮亚后来讲道，加缪有次曾机智地挪揄了这个后备军官，告诉他让法国政府的新闻专员闭嘴是大逆不道的。作为捉弄人的能手，他们俩把这个愚蠢又执拗的审查员耍得团团转。一天，皮亚胡诌了一句"格言"，并将其归功于拉瓦肖尔："让我们消灭鲭科（scombéroïde）！"看到这里，那位军官便让人拿字典给他。这儿没有字典——大家回答道——编辑部里每个人都很注意用词，好让读者都看得懂。

他迟疑了半天,最后还是划掉了整个句子。另一天,游戏又开始了:加缪写的这句加框文字:"不,我们永不接受成为毕祖朗德人(Bizulandres)"是什么意思?又来了,这个审查官额头冒汗,气急败坏,四处打电话求援,最后还是难免……查禁。在他的毒手下,最坏的情况是本来就只有两个版面的报纸竟开了整版的天窗,只留下了标语"共和晚报与众不同,总有东西可读"!然而,这位将报纸清理得一干二净的官员还想着给自己的名声漂白。难道就不能用其他文字来填补这些留出的空白?皮亚和加缪的答复是:免谈。不过,要是审查官先生想自己写文章,倒是可以请便,唯一条件是必须在文章底下署上自己的大名,并注明职衔和住址。这个提议沉了底。审查官会删文章?那加缪就敢放火。10月30日,盛怒之下的他点燃了装在两个旅行箱中的信件,5年以来所有的通信,包括老师的来信,朋友和情妇的信,全都付之一炬,这无疑是一次自杀式的举动。更糟的是,皮亚和加缪同时陷入了另一个自杀性的旋涡之中。因为他们将战争视作"野兽的统治",并一贯坚持和平主义原则,报社董事们的爱国情感受到了刺激。双方的紧张关系加上本已有之的物资匮乏,让报社的经营雪上添霜。版面上的信息越来越寡淡无味,纸张也越来越少,由一位印刷商和《奥兰共和报》提供的纸卷已难以为继。报纸本计划于1940年1月11日印发最后一期,然而就在出版前夜,总督查禁了这份一直对真理、自由与和平满怀热爱的报纸。

2月8日,皮亚回到了法国。理事会以"无政府主义"倾向为由解雇了加缪并拒绝赔偿。加缪向劳资调解委员会提起诉讼,但以失败告终。他曾试图创办一本杂志,甚至已经着手设计封面。这桩生意本来是和一位印刷商合作的。但事与愿违,这位名叫安德烈奥的印刷商很快受到威胁,称要是胆敢与加缪合作就会丢掉政府订单,而这部分订单占到其总收入的一半。奥当案后,高层公职人员都将加缪视为冥顽不灵的敌人。各个单位都收到指令，要让他无工可做。加缪成了所谓的"不可收留"之人。不知所措又无所事事的他，只好去了奥兰找他的相好弗朗西娜·弗尔。这个女人也爱着他，即使要跨越家庭的重重阻隔，而他，也有可能重新找到那个爱字的含义。除了看看电影和骑车兜圈，他偶尔去给别人上几节课，然后在这座他认为毫无魅力，甚至难以忍受的城市里瞎逛。"初看上去，奥兰只不过是一座平淡无奇的城市，只不过是法属阿尔及利亚沿海的一个省城而已，别无他长。城市本身相当丑陋，这一点是不得不承认的。它的外表很平静，但要看出它在各个方面都不同于很多商业城市，则必须多花一些时间。怎么能使人想象出一座既无鸽子，又无树木，更无花园的城市？怎么能让人想象在那里，既看不到飞鸟展翅，又听不到树叶的沙沙声响？总而言之，一个毫无特点的地方？在这座城市里，只有观察天空才能看出季节的变化。"（《鼠疫》）加缪写信告诉皮亚，他准备离开阿尔及利亚前往巴黎。

皮亚回信称将在巴黎等他。《巴黎晚报》有个职位正空缺。启程之前,加缪被一名警察局长传唤。这个人对他一阵讨骂,并强迫他读出自己的档案。心高气傲的加缪不但完全顺应了他的要求,还变本加厉地当场揭露了不少足以使自己罪加一等的事实,让对方目瞪口呆。

1940年3月14日,在检票人员喊到"阿尔贝·加缪"的时候,一个年轻人应了声,他登上了船离开阿尔及利亚前往马赛,这时的他26岁。3月16日,他抵达巴黎,他的行李箱里装着《局外人》的部分手稿,两个月后,他完成了整部作品。

后　记

1957年10月17日那天,当人们在巴黎的一家咖啡馆里告诉他这个消息时,他一阵错愕,仿佛被雷劈中一般。不不,得到诺贝尔奖对他而言不是什么喜事。这是在囚禁他,压碎他。加缪认为奖项应该颁给马尔罗,而自己的作品还尚未完成。此外,他觉得此项荣誉对那些一贯诋毁他的人来说正好是个意料之外的机会——他没有说错,他们将迫不及待穷尽挖苦讥讽之言将他淹没,一如他们总是用蔑视的口吻将他称为"人道主义作家"一样。他们认为这个固执己见的思考者自恃清高,畏缩不前;由于"极度热爱正义",他成为激进主义之敌。较之置身于知识分子群体,加缪一向都更喜欢剧团演员之间的那种兄弟般的感情。"不仅是因为,众所周知,知识分子不大讨人喜欢,他们同类之间也不太彼此待见。还因为在知识分子群体中,不知为何我总有一种要因什么事而请求原谅的感觉,而且总觉得自己触犯了这个圈子中的什么清规戒律。"(1959年5月12日,电视节目《特写》:《我为什么做戏剧?》)总之,他觉得自己一直是个"圈外人"。对1952年出版的《反抗者》和《南方思想》的攻击来势汹汹。《现代》杂志的撰稿人弗朗西斯·让松跳出来指责此书反动。在这个掩体背后,该杂志的主编萨特躲躲藏藏、遮遮掩掩地辱骂加缪。两人正式决裂。就像围困的野兽,在巴黎这个满是文人和哲学家的圈子里,在这个宗派林立、派系丛生的体制内部,在这对显赫"家族"以外的和那些未明确地选择阵营的人格外无情的"共和国"境内,加缪从未找到自己的一席之地。毫无疑问，只有剧团才能收留他，那才是他的家，在那儿他才有不灭的热情，才能感到快乐。这一年的昂热戏剧节上，他推出了新排的戏剧，洛佩·德·维加的《奥尔梅多的骑士》以及修订之后的《卡利古拉》，后者创作于1945年，由热拉尔·菲利普担当主演。从当时的照片中不难看出，无论在排练中还是在舞台上，他都是快乐的。

然而，幕后的他，生活中却挨过了一段黑暗又苦痛的时期。一直受结核病折磨的他时常吐血。虽然有几个情妇，但自从跟妻子弗朗西娜分居后就一直独居。弗朗西娜为他生了一对双胞胎，但加缪的多次外遇让她备受伤害，尤其是他从1945年开始跟女演员玛丽亚·卡萨雷斯那段持久的关系。几年前，她陷入重度忧郁直至生病入院。而我们的这位"唐璜"本身却也是个深受怀疑煎熬的作家、一个不被了解的知识分子、一位疲惫不堪又伤痕累累的人。1956年，即《堕落》发表那年的1月22日，他在一片嘘声中呼吁阿尔及利亚战争停战。这场战争让他心碎不已,他一直坚信在这片土地上的各个群体可以达成和解。阿尔及利亚,那是他的故乡,他的母亲生他养他,并在一所小公寓看着他长大的土地;阿尔及利亚,那是他"真正的祖国"。"……无论在世界各地,只要一见到那种再熟悉不过的友善笑容,我就能辨认出他们同属于这片土地,是我的兄弟。"(《没有历史的城市小引》,1947)

诺贝尔奖的获奖消息公布几天后,一位《法国新闻》的摄影师在王子公园球场拍到了加缪,他当时正与三万五千名观众一起观看巴黎竞技队和摩纳哥队的比赛。在接受采访时,加缪对着麦克风说,巴黎竞技队的球衣颜色跟阿尔及尔大学竞技队的颜色一样,这场比赛中,他们以 1∶0 战胜了对手。

他在笔记本里写道:"诺贝尔奖。有一种沉重又悲伤的感觉。20 岁时我曾一无所有,但那时我已知晓我真正的荣耀——我的母亲。"当然,他还是答应了履行获奖者的义务。为此,在《反与正》问世20年,《鼠疫》出版10年之后,他来到了斯德哥尔摩,站在古斯塔夫六世宫廷的盛大排场之中。这个曾屡屡想要遁世消失的人,如今站到了全世界媒体的摄像机前面,他的作品被翻译成各种语言在世界各地广泛流传——镜头面前的他微笑着,泰然自若。1957年12月10日这一天的他真的像极了亨弗莱·鲍嘉。一身黑色西服,里面套着坎肩,白色的胸袋巾和蝴蝶结,一身行头都在舞会大厅的吊灯下熠熠生辉。弗朗西娜陪伴他出席了仪式。两人之间,温情犹存。不久之前,他才将收录有6篇短篇小说的《流放与王国》题献给她。

他刚满44岁,是获得此项国际性荣誉的所有作家中最年轻的一位。瑞典皇家学院授奖给他,因其剧作(《卡利古拉》《误会》《围城》《正义者》),其小说(《局外人》《鼠疫》《堕落》),及其哲学随笔(《西绪福斯神话》《反抗者》)表现出的普世性"阐明了当代人的良心所面临的问题"。事实上，他采用了3种互补的文体。"我觉得自己有点太年轻了。个人而言，我大概会把票投给马尔罗"，他在台上表示，"我衷心感谢委员愿意选出一位来自阿尔及利亚的法国作家。我所写的一切或多或少都跟我出生的那片土地有关。此刻我脑中的想法也都不外乎来自于这片故土和它蒙受的苦难。"他将这篇《瑞典演说》献给在贝尔古的小学老师路易·热尔曼。3个星期前，他告诉这位老师，若没有他，"这一切都不会发生"。在演讲中，加缪丝毫没有回顾自己的人生历程，而只对和他一样"出生在第一次世界大战的一代人"作了介绍。希特勒掌权时，这一代人正值20岁左右，他们见识了西班牙内战，继而是"二战"以及原子弹造成的撕裂。"每一代人也许都曾自认为可以改变这个世界。然而我这一代人却知道他们无法改变它。但他们的责任却可能更大。他们要阻止这个世界崩坏。"怎样去做呢？那就是去拒绝死亡本能的诱惑和仇恨的役使。1945年8月,广岛和长崎的原子弹引爆,此事深深震惊了加缪,他认为"在人类面前,可怕的前景已经展开"。在《战斗报》中他义愤填膺地写道:"工业文明已达到野蛮的极致。在或远或近的将来,人类必须作出选择:是走向集体覆灭还是明智地利用科学。"

凭借这篇《瑞典演说》,他公开阐述了自己对作家一职所持的观念,以及身为作家的个人在20世纪无可推卸的义务。"从定义上讲,作家不应为制造历史的人服务,而要为历史的承受者服务。……既然他的使命是团结尽可能多的人,为了实现这个使命,他就绝不能去迎合谎言或服务于权势。在这个充斥着谎言和奴性的世界上,孤独的荒草到处疯长。作为作家,无论在个体上有何种残缺与不足,我们职业的高贵应始终根植于两大充满挑战的承诺:拒绝昧着良心说谎,抵抗压迫绝不妥协。"

在这两点上,加缪一直不懈努力着。这一点不仅可以从他的作品中看出，那里面的主角们即使对自己毫无胜算心知肚明，即便是罪当临头也绝不服软，更不会见风使舵吐出一句违心的话。此外，从他多次对于政治立场的选择、报刊发表的文章、公开集会和演说的言论中都表现得再清楚不过。1943年，他加入了地下报纸《战斗报》，随后又担任了该报的主编直至1947年。后来，又在《快报》延续了一脉相承的战斗理念：追讨尊严、伸张正义、抵抗压迫。他还是第一位对恐怖主义提出批判理论的人。他将恐怖主义的无效性和危险性公之于众，扒下了其用英雄主义作为伪装的华丽外衣。同时，他也不会赞成那些剥削人民的社会，那种单单建立在经济利益上的体制。"在一个金钱至上的社会中，正义和自由都不可能存在。"（《战斗报》）他始终厌恶死刑，并在1949年和1952年先后声援过被判处死刑的希腊共产党员和西班牙公会运动人士。1952年，加缪从联合国教科文组织辞职，因为佛朗哥统治下的西班牙被同意加入该组织。

他多次回到阿尔及利亚去看望母亲，并故地重游，造访那个他在《婚礼集》中歌颂的心爱的古罗马遗迹。这一篇就是《夏天：重返蒂巴扎》（1952年）："在12月的明媚阳光下，故地重游的我正好找到了我寻找的东西。这就像生命中不可多得的一两次偶然，人生从此再无缺憾。在这荒凉的自然之中，这是专属于我的馈赠，纵然时间流逝，沧海桑田。……好像我终于回到了港湾，至少，此时此刻是这样，而我觉得这一刻亦将永驻。"

在对待朋友的问题上，他就像秉持自己的理念一样，对无论是青年时代还是后来在巴黎结识的朋友都始终忠心耿耿，其中最为重要的当属吉尤和后来成了他邻居的诗人勒内·夏尔。

拿到诺贝尔奖奖金后，加缪于1958年10月在吕贝宏的卢尔马兰买下了一幢房屋。当地的柏树会让他想起阿尔及利亚的景色。在他的书房中挂有一张尼采的照片。照片中，《偶像的黄昏》的作者眼神深邃，髭须飘垂。加缪开始着手写《第一个人》，这是一部追溯其家族本源的作品。继荒谬与反抗之后，该书揭开了他第三组作品的序幕，这次的主题是——爱。从各个角度来看，这部作品都是一种解放。在该书的《附录》中我们可读到："我受够了为了判定某个人有错而去生活、行动、感受。我厌倦了为别人心中的那个我而活。我决定要自己做主，我宣布要实现相互依赖中的独立。"仍旧是身处人群之中却倍感孤独的窘境，和那难以满足的对自由的渴望。他认为，这部作品仍让他觉得束缚重重，而并没得到太多的解脱。可这一本却是自己的最爱。

《第一个人》将是未竟之作。被发现时，该书已完成的部分共计144页，全部叠放在一个邮差包里，放在一辆被撞毁的汽车后座上。如果要为荒谬找到一个终极注脚，那便是加缪结束生命的方式。1960年1月4日，他乘坐好友米歇尔·伽利玛驾驶的一辆法希维加上路，车子在约纳省的一条公路上失控撞上了一棵法国梧桐，加缪在这场车祸中丧生。他与米歇尔是私交甚笃的老朋友，因 1942 年《局外人》的出版而相识。在这条不幸的社会新闻中，夹带着这位作家生前颇为喜欢的讽刺内容：艾玛纽埃尔·罗布莱斯回忆起事件经过时说道，被叫来救援的那位医生也正好也姓……加缪。

格雷尼耶曾说，加缪是个既热情洋溢又一丝不苟的人。他的品格与思想并非出自中庸与节制，而是源于一种极度的紧张，就像是瞄准靶心的弓箭手在千钧一发之际全神贯注的那种状态。这位加缪在阿尔及尔时的人生导师、教师和如同父亲般的人在谈起他时，也提到他总给人一种疏离的印象，但格雷尼耶也无法对这种印象做出清楚的解释。阿尔贝·加缪，那个宿命中蕴含着疏离或流放的他，正是人们所熟悉又陌生的局外之人。

年　表

1913 年
11月7日,阿尔贝·加缪出生于阿尔及利亚君士坦丁省的蒙多维。父亲是酒窖管理员吕西安·加缪,母亲是家庭主妇卡特琳娜·辛泰斯,加缪是他们的次子。

1914 年
10月11日,父亲在马恩河战役中身受重伤后不治身亡。母亲带着两个儿子搬回娘家,从事帮佣营生。

1924 年
在小学老师路易·热尔曼的帮助下,加缪获得奖学金升入阿尔及尔高中就读六年级。后来他在诺贝尔授奖仪式上将《瑞典演说》献给这位老师。

1930 年
进入哲学班成为让·格雷尼耶的学生。第一次肺结核发作。

1932 年
获得高中毕业文凭后进入高师文科预备班。

1933 年
继续在文学院学习。

1934 年
与西蒙娜·伊埃结婚。
因健康问题而被免除兵役。

1935 年
获得哲学学士文凭。
夏末,他加入了法国共产党,随后跟朋友一起创办了"劳动剧团"。

1936 年
4月,集体创作的《阿斯图里亚斯起义》遭到禁演,剧本由夏尔诺出版社印行。
获得了哲学高等研究文凭。
夏天,与西蒙娜同游中欧,途中两人分手。

1937 年
被任命为阿尔及尔文化之家的主任秘书。
开始创作《快乐的死》(在他去世后于1971年出版)。

秋天，被开除出法国共产党。
创办"团队剧团"以取代"劳动剧团"。

1939 年
《婚礼集》在夏尔诺出版社出版。
6月，在《共和主义的阿尔及尔》上发表11篇为卡比利亚农民鸣不平的文章。
9月3日，战争爆发。加缪因健康问题未能入伍。

1940 年
3月，前往巴黎，受雇于《巴黎晚报》。
9月，与西蒙娜正式离婚。
12月3日，与弗朗西娜·弗尔结婚。

1941 年
大部分时间在奥兰度过，期间屡次前往阿尔及尔。

1942 年
5月，发表《局外人》；10月，《西绪福斯神话》两本书均由伽利玛出版社出版。

1943 年
11月，成为伽利玛出版社的审校。次月，加入了地下报纸《战斗报》。

1944 年
成为《战斗报》主编。
《误会》与《卡利古拉》出版。
初识演员玛丽亚·卡萨雷斯。
针对战后的清洗活动,跟弗朗索瓦·莫里亚克展开论战。

1945 年
9月5日,他的一对双胞胎出生,取名叫卡特琳娜和让。
《卡利古拉》首演。
加缪成为伽利玛出版社《希望》丛书主编。
《致一位德国朋友的信》出版。

1946 年
获抵抗法西斯奖章。

1947 年
离开《战斗报》。
作品《鼠疫》大获成功。

1948 年
与让-路易斯·巴劳特合著的《围城》首演。
支持加里·戴维斯成为"世界公民"。

1949 年
南美巡回演讲。

8月20日，发表请愿书声援西班牙难民。
戏剧《正义者》首演。

1950年
《时事、评论集（1944-1948）》出版。

1951年
《反抗者》出版，针对该书，萨特在《现代》杂志上发表数篇伤人的文章，导致两人彻底决裂。

1953年
弗朗西娜·加缪开始承受严重忧郁的折磨。
着手写作《第一个人》，这部小说在他去世后于1994年出版。

1954年
《夏天集》出版。
阿尔及利亚战争开始。

1955年
成为《快报》撰稿人。

1956年
1月22日，加缪在阿尔及尔发出让战争勿伤害平民的请愿。
由于在阿尔及利亚问题上意见不一致，加缪从《快报》离职。

5月,《堕落》出版。
10月,加缪声援了匈牙利起义者。

1957年
《流放与王国》及《关于死刑的思考》出版,后一本包括加缪的《关于断头台的思考》和阿瑟·库斯勒的《思考绞刑架》两篇文章。
10月16日,加缪获得诺贝尔文学奖。

1958年
《反与正》再版。
《时事集三,阿尔及利亚评论集》出版。
在沃克吕兹的卢尔马兰购置了一栋房屋。

1959年
将陀思妥耶夫斯基的长篇小说《群魔》改编成戏剧。

1960年
1月4日,在法国约纳省维勒布勒万的公路上死于车祸,后安葬于卢尔马兰。

参考文献

加缪作品

Théâtre, Récits et Nouvelles, textes réunis par Roger Quilliot, Gallimard, bibliothèque de la Pléiade, 1974.

Fragments d'un combat (1938-1940), textes réunis par Jacqueline Lévi-Valensi et André Abbou, Cahiers Albert Camus 3, Gallimard, 1978.

Le Premier Homme, Gallimard, coll. « Folio », 2000.

La Mort heureuse, Gallimard, 1971, coll. « Folio », 2010.

Carnets, tome 1: mars 1935-février 1942, Gallimard, 1962.

Carnets, tome 2: janvier 1942-mars 1951, Gallimard, 1964.

Correspondance Albert Camus-Jean Grenier (1932-1960), textes édités par Marguerite Dobrenn, Gallimard, 1981.

L'Envers et l'Endroit, Gallimard, 1958, coll. « Folio Essais », 2010.

Préface à *La Maison du peuple, suivi de Compagnons* de Louis Guilloux, Grasset, coll. « Les Cahiers rouges », 2004.

Préface à *Les Îles* de Jean Grenier, Gallimard, 1959, coll. « L'Imaginaire », 2001.

Misère de la Kabylie, suivi du Discours de Suède, Zirem, 2005.

关于加缪的作品

Louis Bénisti, « On choisit pas sa mère, souvenirs sur Albert Camus » (p. 7-47) in *Algérie Littérature/Action*, n° 67-68 consacré à Louis Bénisti, Paris, janvier-février 2003.

Catherine Camus, *Albert Camus: solitaire et solidaire*, Michel Lafon, 2009.

Dominique Cellé, *Camus et le communisme*. Mémoire de maîtrise d'histoire contemporaine sous la direction de Jean-François Sirinelli, université Charles de Gaulle-Lille III, sciences humaines, lettres et arts, 1997.

Alain Finkielkraut, *Un coeur intelligent*, Stock/ Flammarion, 2009.

Jean Grenier, *Albert Camus. Souvenirs*, Gallimard, 1968.

Roger Grenier, *Albert Camus, Soleil et ombre. Une biographie intellectuelle*, Gallimard, 1987, « Folio », 1991.

Jeanyves Guérin, *Camus. Portrait de l'artiste en citoyen*,

François Bourin, 1993.

Jacqueline Lévi-Valensi, « L'entrée de Camus en politique », in *Camus et la politique*, Actes du colloque de Nanterre 5-7 juin 1985 sous la direction de Jeanyves Guérin, L'Harmattan, coll. «Histoire et Perspectives méditerranéennes », 1986.

Jacqueline Lévi-Valensi, *Albert Camus ou la naissance d'un romancier*, Gallimard, coll. « Les Cahiers de la NRF», 2006.

José Lenzini, *L'Algérie de Camus*, Édisud, 2000.

Herbert R. Lottman, *Albert Camus*, Le Seuil, 1978, coll. « Points », 1985.

Herbert R. Lottman, *Albert Camus*, traduit de l'anglais par Marianne Véron, Le Seuil, coll. « Points », 1980.

Pascal Pia, *«D'Alger républicain à Combat »*, *Le Magazine littéraire*, n° 67-68, septembre 1972, repris dans le n° 276, « Albert Camus», avril 1990.

Pierre-Louis Rey commente Le Premier Homme *d'Albert Camus,* Gallimard, Folio, coll. « Foliothèque », 2008.

Emmanuel Roblès, « La marque du soleil et de la misère », in *Camus,* ouvrage collectif, Hachette, coll. « Génies et Réalités », 1964.

Emmanuel Roblès, *Camus, frère de soleil*, Le Seuil, 1995.

Virgil Tanase, *Camus*. Gallimard, Folio, coll. « Biographies », 2010.

Olivier Todd, *Albert Camus, une vie*, Gallimard, « Folio », édition revue et corrigée, 1999.

« Albert Camus: une pensée, une œuvre », Colloque de Lourmarin, 1-10 août 1985. Rencontres méditerranéennes de Lourmarin, Lourmarin, 1986.

Dictionnaire Albert Camus, sous la direction de Jeanyves Guérin, Robert Laffont, coll. « Bouquins », 2009.

« Albert Camus. La révolte et la liberté », *Le Monde hors-série*, coll. « Une vie, une œuvre ».

其 他

Pascal Blanchard, « La vocation fasciste de l'Algérie coloniale dans les années 1930 », in *De l'Indochine à l'Algérie. La jeunesse en mouvements des deux côtés du miroir colonial, 1940-1962*, sous la direction de Nicolas Bancel, Daniel Densi, Yousef Fates, La Découverte, coll. « Textes à l'appui/ Histoire contemporaine », pp. 177-194, 2003.

Jean-François Domenget, *Montherlant critique*, Droz, coll. « Histoire des idées critiques » n°411, 2003.

Max-Pol Fouchet. *Un jour je m'en souviens. Mémoire parlée*, Mercure de France, 1968.

Roger Grenier, *Pascal Pia ou le droit au néant,* Gallimard, coll. « L'un et l'autre », 1989.

Jean-Claude Izzo et Thierry Fabre, *La Méditerranée française*, Maisonneuve et Larose, coll. « Monde méditerranéen », 2000.

Jean Lévy et Simon Piétri, *De la République à l'État français: le chemin de Vichy, 1930-1940*, L'Harmattan, 1996.

Marie-Renée Mouton, « L'Algérie devant le Parlement français, de 1935 à 1938 », In *Revue française de science politique*, 12e année, n° 1, pp. 93-128, 1962.

Jacques Simon, *Le PPA Le Parti du peuple algérien : 1937-1947)*, L'Harmattan, coll. « CREAC-Histoire », 2007.

Benjamin Stora, *Histoire de l'Algérie coloniale (1830-1954)*, La Découverte, coll. « Repères », 2004.

"他们的 20 岁"书系

由本社编者特邀上海万墨轩图书有限公司

闫青华联合策划